L'Architecture Romane

PAR

ÉDOUARD CORROYER

Marius Michel del.

COLLECTION PLACÉE SOUS LE HAUT PATRONAGE

DE

L'ADMINISTRATION DES BEAUX-ARTS

COURONNÉE PAR L'ACADÉMIE FRANÇAISE

(Prix Montyon)

ET

PAR L'ACADÉMIE DES BEAUX-ARTS

(Prix Bordin)

Cet ouvrage a été déposé au Ministère de l'Intérieur
en février 1888.

BIBLIOTHÈQUE DE L'ENSEIGNEMENT DES BEAUX-ARTS

PUBLIÉE SOUS LA DIRECTION DE M. JULES COMTE

L'ARCHITECTURE ROMANE

PAR

ÉDOUARD CORROYER

ARCHITECTE DU GOUVERNEMENT

INSPECTEUR GÉNÉRAL DES ÉDIFICES DIOCÉSAINS

NOUVELLE ÉDITION

PARIS

ANCIENNE MAISON QUANTIN

LIBRAIRIES-IMPRIMERIES RÉUNIES

MAY & MOTTEROZ, DIRECTEURS

7, rue Saint-Benoît.

PRÉFACE

En commençant cette étude, je dois d'abord acquitter une dette de reconnaissance et rendre hommage à ceux qui, par leurs patientes recherches, ont tracé la voie que j'essayerai de parcourir.

L'édification du monument que leur science et leur érudition ont établi sur des bases solides n'est pas encore achevée et, suivant l'exemple donné par d'illustres devanciers, je voudrais apporter ma modeste pierre à l'œuvre commune en réunissant les éléments épars afin d'en former un ensemble synthétique qui pût être un enseignement utile.

Dès le commencement de notre siècle, après l'apaisement général qui suivit les terribles convulsions des révolutions et des guerres, l'étude de l'archéologie. que Victor Hugo avait esquissée à grands traits, fut mise en honneur par les travaux des savants dont il faut garder la mémoire.

Parmi les plus anciens et les plus connus, il est juste de citer : de Gerville, un des fondateurs de la Société des antiquaires de Normandie, qui eut l'honneur d'être, en 1825, l'auteur d'une proposition qui avait pour objet de désigner, heureusement et justement, une des périodes les plus intéressantes de l'histoire de l'Architecture; — de Caumont, qui publia, dès 1825, un *Essai sur l'architecture religieuse du moyen âge,* et ensuite un grand nombre d'ouvrages parmi lesquels l'*Abécédaire archéologique* se distingue par un rare esprit de méthode de classification chronologique; — Mérimée et Vitet, deux des membres les plus éminents du *Comité historique des arts et monuments,* institué en 1837 par M. de Salvandy, et qui avait pour but de rechercher et de publier tous les documents inédits relatifs à l'histoire des arts chez les Français ; — Didron aîné, fondateur des *Annales archéologiques,* qui, par ses écrits et par ses exemples, a exercé sur son temps une influence si considérable ; — Lassus, architecte-archéologue, qui fut un des plus savants parmi les restaurateurs des édifices du moyen âge et qui se fit connaître par les grands travaux qu'il exécuta à la Sainte-Chapelle du Palais, et surtout à Notre-Dame de Paris, en collaboration avec son illustre confrère : Viollet-le-Duc, un de nos principaux initiateurs dans la connaissance des œuvres du moyen âge, qui a résumé sur cette époque de l'art des notions aussi ingénieuses que neuves dans son précieux *Dictionnaire raisonné de l'Architecture française,* popularisé dans toute l'Europe par ses incomparables dessins; — et enfin Jules Quicherat, un esprit d'élite qui, pendant un demi-siècle, a consacré son intelligence à mettre en vue nos gloires nationales et dont le nom restera associé aux pages les plus émouvantes de notre histoire et aux conquêtes les plus importantes de l'archéologie française.

Viollet-le-Duc et Quicherat ont été les personnifications de l'art et de l'archéologie modernes. Ils resteront, par leur réunion, une des plus hautes expressions de la science contemporaine qui ne se contente plus des à peu près ni des formules toutes faites, parce qu'elle est tout à la fois plus virile et plus active; elle veut voir, toucher et aller à la source même des choses avec une puissance d'investigation qui n'est pas un des signes les moins caractéristiques de notre époque.

Si Viollet-le-Duc fut, comme architecte, un admirable éducateur par la séduction de son inimitable crayon, donnant à tout ce qu'il touchait un charme irrésistible; s'il eut le rare mérite, grâce à la magie de l'expression, de montrer, dans toute leur beauté, les œuvres de nos pères; s'il eut le grand talent de découvrir et de révéler l'architecture du moyen âge, en faisant avec une clarté incomparable l'étude physiologique, pour ainsi dire, des divers systèmes de construction par lesquels ce grand art s'est si glorieusement manifesté dans toute l'Europe occidentale et si particulièrement en France, Quicherat eut, comme archéologue, le suprême honneur de porter la lumière sur les origines de cet art en mettant sa grande science, sa profonde érudition et son admirable bon sens au service de la vérité qui fut toujours le but vers lequel tendaient ses généreux efforts.

Quicherat aimait l'architecture et surtout l'architecture du moyen âge, cet art merveilleux, suivant Victor Hugo, « inconnu des uns et, ce qui est pis encore, méconnu des autres »; cet art qu'on pourrait appeler national, puisque c'est en France qu'il a pris ce magnifique développement dont le rayonnement s'est étendu sur toute l'Europe, mais qui, s'il a pris rang dans l'histoire, n'a pas encore sa place dans l'enseignement de l'État, selon l'expression fort juste d'un grand artiste, professeur au Collège de France : M. Eugène Guillaume. « Fait illogique dans un pays qui assure la conservation de ses monuments historiques par un important service administratif, sorte d'ingratitude chez une nation qui, au moyen âge, a tenu le flambeau des arts. »

Indépendamment de ses nombreux ouvrages, parmi lesquels l'*Histoire du costume en France* est un des plus connus et des plus estimés, Quicherat professa pendant trente ans, à l'École des chartes, le seul cours public d'archéologie nationale qui se fasse en France. Ce cours n'a pas été imprimé par son auteur ; mais ses mémoires, ses manuscrits et ses notes, accompagnés de croquis, ont été recueillis avec un soin pieux, presque filial, par plusieurs de ses élèves et notamment par M. le comte Robert de Lasteyrie, qui les publia sous ce titre : *Mélanges d'histoire et d'archéologie*.

Les ouvrages de ces savants forment un corps de doctrine archéologique dans lequel j'ai trouvé un puissant appui et dont les éléments m'ont guidé prudemment vers le but que je désire atteindre.

8 septembre 1887.

INTRODUCTION

Par respect pour les travaux des savants, il faut conserver la dénomination : *Architecture romane*, adoptée et consacrée par l'usage depuis plus de soixante ans ; mais, pour l'amour de la vérité, il faut dire que la qualification : *romane*, appliquée à l'architecture, n'est pas contemporaine de la construction des monuments que nous allons étudier.

S'il est vrai que l'origine du grand art de l'architecture remonte à la plus haute antiquité, il est non moins certain que le mot *roman*, désignant la période historique qui fait l'objet de ce volume, est tout à fait moderne puisqu'il n'existe que depuis 1825.

C'est à cette époque seulement, nous apprend Jules Quicherat, que M. de Caumont l'a fait prévaloir ; lui-même le tenait de M. de Gerville qui avait proposé aux antiquaires de Normandie d'appeler ainsi l'architecture postérieure à la domination romaine et antérieure au XIIe siècle.

Cette architecture, que chacun baptisait à son gré de lombarde, de saxonne, de byzantine, parut à M. de Gerville devoir être appelée d'un nom qui ne fût pas celui d'un peuple, attendu qu'elle avait été pratiquée dans toute l'Europe occidentale et sans intervention prouvée des Lombards, ni des Saxons, ni des Grecs. Comme le terme de *roman* était dès lors appliqué à nos anciens idiomes ; comme l'emploi d'éléments romains était, de l'aveu général, aussi sensible dans l'architecture qu'il s'agissait de qualifier, que la présence des radicaux latins dans les langues dites romanes ; comme enfin on pouvait dire que l'une était de l'architecture romaine abâtardie, de même que les autres étaient du latin dégénéré, M. de Gerville conclut à ce qu'il y eût une architecture romane au même titre qu'il y avait des langues romanes.

L'idée est juste, mais les conséquences qu'on en tira et les applications qu'on en fit le furent beaucoup moins; car on voulut délimiter étroitement la période pendant laquelle les monuments devaient être appelés du nom de *roman*, si heureusement trouvé ; on fit des classifications absolument arbitraires, qui n'ont existé que dans l'imagination de leurs auteurs excités par des découvertes prises par eux pour des inventions personnelles qu'il leur était permis de qualifier à leur guise. Ces classifications étaient trop précises, trop absolues, car il est bien évident qu'aux premiers siècles de l'ère chrétienne — époque à laquelle il est prudent de faire remonter l'origine de la période architecturale et architectonique, que nous désignerons dorénavant sous son nom de baptême archéologique, c'est-à-dire l'*architecture romane* — les artistes-constructeurs, les architectes, en un mot, suivirent les traditions des Romains et des Grecs, comme ceux-ci avaient suivi, en les perfectionnant, les traditions que leur avaient laissées leurs illustres ancêtres. Ils construisaient leurs monuments selon l'usage de leur temps, ou bien ils les modifiaient selon les transformations des idées religieuses.

On n'invente rien de toutes pièces, surtout en architecture ; on découvre, on ajuste certaines formes selon les idées du moment ; on les modifie en se les appropriant, mais une architecture nouvelle ne naît pas immédiatement d'un état social nouveau.

Ce fait est visible dès les premiers temps de l'Église. Les basiliques civiles, admirablement disposées pour contenir un grand nombre d'hommes, devinrent le lieu de réunion des adeptes de la nouvelle religion, sans autres modifications que la suppression des emblèmes du paganisme expirant et leur remplacement par les images du christianisme naissant.

Les églises élevées en grand nombre dès les premiers siècles sont bâties sur le plan des basiliques romaines avec les adjonctions nécessitées par les rites sacramentels et si, plus tard, elles se transforment sous l'influence orientale, on retrouve au même temps en Occident, jusqu'au XIe siècle, les traces indélébiles de la tradition romaine manifestée par les dispositions particulières aux temples profanes modifiés ou construits dans les premiers siècles de l'ère chrétienne, comme si le plan basilical avait été la forme hiératique imposée par la religion du Christ.

Avant d'être *romane*, en vertu de conventions archéologiques modernes, l'architecture était *chrétienne*, ainsi que le prouvent ses origines historiques.

Il fallut plusieurs siècles pour fonder un art nouveau ; car la religion chrétienne, née sous Tibère, au plus beau temps de la civilisation romaine, produisit une grande réaction morale, mais souleva de violentes résistances et, par suite, de sanglantes persécutions. Les premiers chrétiens durent se cacher et la vie publique resta païenne dans toutes ses manifestations extérieures jusqu'au jour où Constantin, par le célèbre édit rendu à Milan en 313, proclama le christianisme religion d'État.

Dès lors les chrétiens se réunirent au grand jour; mais, dénués de tout et craintifs après tant d'épreuves, ils se contentèrent d'abord des asiles païens en s'établissant dans les tribunaux, bourses ou marchés, dans les basiliques civiles, en un mot, après les avoir ornées suivant les dogmes de la religion nouvelle.

L'art chrétien ne put s'élever que lorsqu'il eut acquis officiellement le droit d'ouvrir ses temples au culte mis en honneur publiquement. Les premiers architectes chrétiens conservèrent longtemps encore les dispositions générales des édifices païens transformés en églises chrétiennes, en imitant les formes auxquelles ils étaient habitués, en employant les matériaux qu'ils avaient sous la main et avec lesquels ils étaient familiarisés par des habitudes traditionnelles.

C'est ainsi qu'ils sauvèrent l'art antique de la ruine et de l'oubli, en gardant ce qui leur était utile, en ajoutant ce qui répondait à des besoins nouveaux et en maintenant les principes de construction consacrés par un usage séculaire.

Ce fut la véritable mission de l'art chrétien primitif. Il ne constituait pas un art proprement dit, car il n'était encore que la transition entre le déclin de l'art antique et l'aurore de l'art nouveau ; ses commencements se confondent dans les derniers reflets du génie romain. Tandis que le feu de l'art antique s'éteignait, celui de l'art nouveau s'allumait et grandit jusqu'au xe siècle à mesure que ses relations constantes avec les nations voisines et l'Europe occidentale s'étendirent en transmettant aux peuples, comme des germes féconds, les grandes traditions monumentales de l'antiquité.

Si l'on veut trouver l'origine de l'*architecture romane*, il faut chercher bien au delà de la fin de la domination romaine et étudier à Rome les basiliques civiles transformées en temples chrétiens dès les premiers siècles du christianisme.

Il faut faire en Orient, et particulièrement dans la Syrie centrale, une excursion qui est singulièrement facilitée par le très curieux ouvrage de M. le comte Melchior de Vogüé, résumant les savantes et précieuses découvertes qu'il a faites si heureusement pour l'histoire de l'art.

Dès les premières années du IIe siècle après Jésus-Christ, la Syrie devint une province romaine et fut le centre d'un mouvement architectural extraordinaire dont les effets ne firent que s'accroître jusqu'à la fin du VIIe siècle. Des maisons, des palais, des villes entières se bâtirent comme par enchantement et, de même qu'à Rome, on transforma d'abord les sanctuaires païens, on éleva ensuite, et dès les premiers temps de la colonisation romaine, des églises appropriées au culte nouveau.

Ces découvertes ouvrent des vues nouvelles sur l'architecture chrétienne primitive du IVe au VIIe siècle, inconnue jusqu'à présent; elles sont de la plus haute importance parce que cette période de l'art a eu une action considérable sur le développement de l'art en Occident. On est transporté au milieu de la société chrétienne; on surprend sa vie, non pas la vie cachée des Catacombes, ni l'existence humiliée, timide et souffrante qu'on se représente généralement, mais une vie large et opulente, dans de grandes maisons en pierre, parfaitement aménagées et entourées de beaux jardins plantés de vignes; ses magnifiques églises à colonnes flanquées de tours existent encore presque complètement et, sans les tremblements de terre, il ne manquerait rien que les charpentes et les planchers des édifices.

Les églises reproduisent les dispositions et les formes des basiliques de Rome; le style de ces constructions est romain, modifié par les influences locales, tout en gardant le souvenir très marqué des arts antérieurs, et surtout par la nature des matériaux que les architectes avaient à leur disposition et qui ont imprimé à leurs œuvres un caractère particulièrement original. Dans les pays situés à proximité des forêts, les temples sont couverts en charpente; mais dans les contrées où la pierre seule est abondante, la couverture des édifices est formée par des arcs reliant les faces latérales aux travées de la nef et destinés à supporter des dalles de pierre formant à la fois le plafond et la toiture. Dans tous les cas, les moyens employés sont des plus simples et leurs dispositions rationnelles indiquent une science profonde et une habileté consommée, alliées à un sentiment d'art des plus délicats.

On voit même sur plus d'un point des églises du vᵉ et du vɪᵉ siècle entièrement voûtées et surmontées au centre d'une coupole de forme ellipsoïde, imitée des Perses et dont les essais, timides encore, marquent cependant les étapes d'un mode de construction qui devait prendre un peu plus tard, à Constantinople, un si grandiose développement.

Il faut analyser Sainte-Sophie pour constater la solution du problème et l'exemple complet d'un édifice rompant avec toutes les traditions de l'art grec et inaugurant un système dont la voûte est l'élément principal.

La cathédrale de Justinien n'est pas appareillée comme les monuments syriens; elle est formée de massifs de pierre et de maçonneries de blocages, disposés en arcs, en voûtes et en coupoles dont les poussées, réparties sur des points éloignés reliés par des arcs, sont solidement contrebutées et dont la surface intérieure est revêtue de mosaïques et de marbres.

Les architectes grecs : Anthémius de Tralles et Isidore de Milet, bâtirent Sainte-Sophie selon les principes romains, rappelant, par le parti architectural, les larges dispositions des immenses édifices romains du ɪɪɪᵉ siècle après Jésus-Christ, notamment les Thermes de Caracalla ; les grands arcs sont subdivisés par des arcatures supportant une architrave ou une galerie au-dessus de laquelle s'ouvrent des fenêtres ou un réseau ajouré éclairant le vaisseau central.

L'influence exercée par les écoles orientales sur le développement des arts en Occident n'est plus contestable; les travaux de Vitet, de J. Labarte, de Waddington et de Melchior de Vogüé l'ont admirablement et surabondamment prouvé. Jules Labarte a démontré que Constantinople a été un grand foyer d'art, du ve au xie siècle.

Les arts du dessin y étaient en grand honneur; non seulement l'habileté de la main, mais le sentiment de la forme et de la couleur s'y étaient conservés. La tradition antique s'y continuait, bien qu'en se transformant par l'effet de l'esprit nouveau; les artistes produisaient des œuvres considérables pour les besoins d'une société riche, lettrée, raffinée et sous l'impulsion d'une cour dont le goût du faste et les habitudes de magnificence n'ont pas été dépassés.

A la même époque, l'Occident se débattait sous les rudes étreintes des Barbares et songeait à se défendre bien plus qu'à cultiver l'architecture, l'art de la paix par excellence. Aussi la force des choses le rendait tributaire de l'Orient au point de vue de l'art. C'est d'Orient qu'il tirait les étoffes, les bijoux, les ivoires sculptés et tous les objets de luxe dont il sentait le besoin, mais qu'il ne savait pas produire; c'est à l'Orient enfin qu'il demanda des maîtres et chacun des grands efforts de l'art, mentionné par l'histoire entre le viiie et le xie siècle, aussi bien en France qu'en Allemagne et en Italie, a été marqué par une émigration d'artistes orientaux.

Les calamités qui fondirent sur l'Europe avant et après Charlemagne contribuèrent encore à augmenter l'influence que l'Orient exerça sur l'Occident dès les premiers siècles du christianisme.

L'an 1000 est une date célèbre dans l'histoire des

terreurs superstitieuses du moyen âge. C'était une croyance universelle au xe siècle que le monde devait finir l'an 1000 de l'Incarnation. L'Église fortifia, dit-on, cette croyance de tout son pouvoir qui était alors immense. Le Clergé la propagea par calcul, suivant les chroniqueurs du temps, ou par conviction, selon quelques historiens ; il y trouva d'ailleurs de grands avantages, car des dons considérables furent faits aux églises, aux monastères, et les pécheurs qui voulaient expier leurs fautes abandonnèrent leurs biens en attendant la fin du monde.

Cet effroyable espoir du Jugement dernier, nous dit Michelet, s'accrut dans les calamités qui précédèrent l'an 1000 ou suivirent de près. Il semblait que l'ordre des saisons fût interverti, que les éléments suivissent des lois nouvelles. Une peste terrible désola l'Aquitaine; la chair des malades semblait frappée par le feu, se détachait de leurs os et tombait en pourriture. Ces misérables couvraient les routes des lieux de pèlerinage, assiégeaient les églises, particulièrement Saint-Martin à Limoges; ils s'étouffaient aux portes et s'y entassaient. Ce fut encore pis quelques années après.

Mais lorsque la date fatale eut passé sans tenir ses sombres promesses, l'humanité se sentit renaître et revivre. Son premier sentiment fut un mouvement d'amour et de reconnaissance pour Dieu qui ne l'avait pas anéantie.

Alors d'innombrables pèlerinages, précurseurs des croisades, commencèrent aux Lieux Saints, au tombeau du Christ, et de magnifiques édifices sont nés en Europe de ce grand mouvement de foi religieuse, retrempée en Orient aux sources mêmes de l'art chrétien.

Après avoir constaté les origines de l'architecture chrétienne à Rome et en Orient, étudié ses développements à Constantinople et ses transformations en Occident, il convient de s'arrêter à la période historique que les savants ont appelée si justement la renaissance de Charlemagne et qui a marqué l'avènement de l'architecture romane se dégageant alors des lisières romaines et byzantines qui avaient soutenu ses premiers pas. C'est le désir de voûter les églises, qui, vers l'an 1000, a obligé les constructeurs à abandonner les anciennes proportions des basiliques latines.

Il est nécessaire d'étudier les monuments de cette époque, parce qu'ils ont été, au moment des hésitations et des tâtonnements des architectes romans, cherchant à bâtir plus solidement leurs églises si souvent détruites par le feu, la manifestation d'un mode de construction dans lequel la voûte avait une fonction caractéristique.

C'est à partir de la fin du xe siècle que l'*architecture romane* s'affranchit peu à peu des traditions latines pour créer des proportions nouvelles résultant de l'adoption d'un système nouveau dès les premières années du xie siècle, sinon dans le détail de ses formes, tout au moins dans l'ensemble de ses dispositions.

Cette période de l'histoire de l'architecture est des plus intéressantes et des plus curieusement instructives, parce qu'elle montre les constructeurs aux prises avec les difficultés qu'ils ne surmonteront qu'après de longs efforts. Il faut suivre leurs essais timides par les modifications qu'ils apportèrent aux dispositions traditionnelles des basiliques romaines, en conservant à la nef centrale sa toiture en bois et en ne couvrant que les bas côtés par des voûtes d'arête; leurs tentatives plus hardies, caractérisées d'abord par des voûtes en berceau, réminiscences des constructions romaines du Ier siècle qui existent encore à l'amphithéâtre et au nymphée de Nîmes et qui semblent avoir inspiré les architectes romans; puis par des voûtes en berceau continu, couvrant la nef centrale et dont la poussée est maintenue par les demi-berceaux en quart de cercle des nefs latérales, principe de l'arc-boutant.

Il est surtout nécessaire d'analyser les édifices à coupoles du commencement du XIe siècle, exemple d'un art achevé, importé d'Orient, mais modifié en France, ou plutôt en Aquitaine à cette époque, qui devait avoir une si grande influence sur les progrès de notre architecture, et enfin les combinaisons d'arcs-doubleaux, d'arcs diagonaux ou *croisées d'ogives*, reportant les charges des voûtes comme les pendentifs des coupoles, mais sous une autre forme, sur des points d'appui solidement contrebutés, aurore d'un système de construction qui devait avoir de si étonnantes applications.

L'étude de ce système nouveau, qui coïncide avec l'Institution des communes et les origines du Tiers État, fera l'objet d'un deuxième volume : *l'Architecture gothique*, commençant à l'apogée de l'*architecture romane*, c'est-à-dire vers le milieu du XIIe siècle, pour finir avec le XVe siècle.

Le cadre de l'ouvrage ne permettant pas de donner à l'*architecture romane* tous les développements que nécessiterait l'étude de toutes ses manifestations, nous avons étudié principalement les édifices religieux ou l'architecture religieuse. C'est l'expression la plus élevée de l'art chez tous les peuples, celle qui donne le plus justement l'idée de leur civilisation, de la puissance créatrice de leur génie et surtout parce que c'est dans les édifices religieux que l'architecture romane a le plus particulièrement marqué les caractères de ses transformations et de ses progrès. Les monuments monastiques, civils et militaires de la période romane ont d'ailleurs suivi les traditions romaines jusqu'au XIe siècle; ils feront l'objet d'études spéciales dans le volume suivant : *l'Architecture gothique.*

Pour le même motif, il n'était pas possible de faire la monographie des édifices les plus importants ni même de citer tous les monuments intéressants. Nous avons voulu exposer simplement des principes généraux, chercher les origines de l'*architecture romane*, étudier sa filiation et suivre sa progression constante depuis le Iᵉʳ siècle de notre ère jusqu'au milieu du XIIe siècle. Les plans, les coupes, les croquis et les dessins indiquent sommairement, mais exactement, le caractère des types principaux et ils forment une suite de renseignements nécessaires pour faciliter et appuyer les démonstrations.

Il est donc nécessaire de connaître tout d'abord les *basiliques civiles*, les *basiliques* ou *églises latines* et les *églises byzantines* qui feront l'objet de la *première partie* de ce volume, pour arriver ensuite à étudier utilement, dans la *deuxième partie*, les monuments les plus caractéristiques de l'*architecture romane.*

L'ARCHITECTURE ROMANE

PREMIÈRE PARTIE

ORIGINES DE L'ARCHITECTURE ROMANE

BASILIQUES CIVILES
BASILIQUES OU ÉGLISES LATINES
ÉGLISES BYZANTINES

CHAPITRE PREMIER

BASILIQUE CIVILE. — DÉFINITION.

Suivant Vitruve, la basilique était une salle dans laquelle les souverains rendaient la justice ou la faisaient rendre en leur nom.

Il dit, en parlant des palais destinés aux personnages importants : il doit s'y trouver des bibliothèques et des *basiliques* qui aient la magnificence qu'on voit aux édifices publics parce que, dans ces palais, il se tient des assemblées pour les affaires de l'Etat et pour les jugements et arbitrages par lesquels se terminent les différends des particuliers. Les Gordiens, dans leur magnifique villa bâtie sur la voie Prænestine, avaient trois basiliques de trente-trois mètres de longueur; le sénateur Lateranus, contemporain de Néron, en fit construire une qui, transformée par Constantin, devint la primitive basilique de Saint-Jean de Latran.

A Rome, la basilique était l'édifice renfermant le tribunal où siégeaient des juges. Du temps de Publius Victor, elles étaient au nombre de dix-neuf parce qu'on avait adjoint à chaque forum, ou place publique, une basilique dans laquelle les magistrats tenaient leurs audiences pendant la mauvaise saison.

Plus tard, les basiliques devinrent des marchés, des bourses où le peuple et les commerçants se réunissaient pour traiter leurs affaires de commerce. Vitruve dit encore que l'édifice, joint au forum, doit être situé sur l'exposition la plus chaude afin que les négociants qui les fréquentaient pendant la saison d'hiver ne soient pas incommodés par la rigueur du froid.

Sous le règne des rhéteurs, on s'y rendait pour entendre déclamer des vers et des harangues. C'est dans les basiliques que les jurisconsultes donnaient leurs consultations et que les jeunes orateurs s'exerçaient à la déclamation. Pline le Jeune nous apprend de quelle manière les juges et les assistants étaient placés dans ces édifices. Les juges, dont le nombre s'élevait parfois à 180, se partageaient en quatre compagnies ou tribunaux ; autour d'eux se plaçaient les jurisconsultes et les avocats dont le nombre était considérable. Les portiques et les galeries supérieures étaient remplis d'hommes et de femmes qui, s'ils étaient trop éloignés pour entendre les plaidoiries et les jugements, pouvaient au moins jouir du spectacle.

La basilique s'élevait ordinairement sur un plan rectangulaire dont la largeur était égale au tiers de la longueur totale, les façades extérieures étaient très simples, toute la richesse architecturale étant réservée pour la décoration intérieure qui était souvent traitée avec une grande magnificence, ainsi que l'ont prouvé les découvertes faites sur l'emplacement du forum de Trajan pendant les fouilles opérées en 1812 par les soins du gouvernement français. En avant de la façade principale s'étendait, sur toute sa largeur, un portique sous lequel des portes s'ouvraient sur les divisions longitudinales de l'édifice.

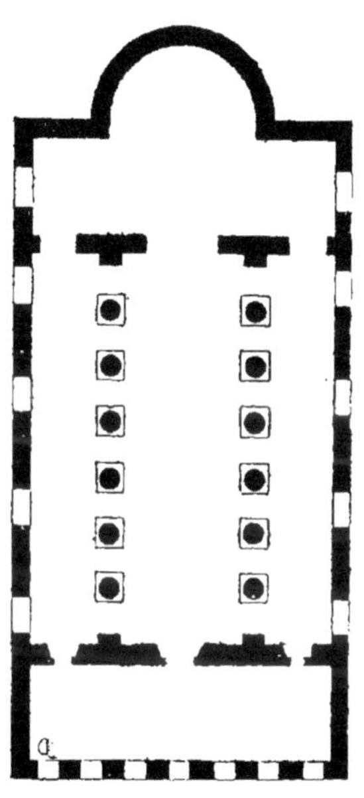

FIG. 2.
BASILIQUE CIVILE.
(Plan.)

Vitruve parle des *chalcidiques* élevés aux extrémités de la basilique et qui étaient à son sens de vastes portiques; selon quelques auteurs anciens, le mot *chalcidique* désignait une salle haute et spacieuse, formant, en avant de l'hémicycle, une nef transversale à l'extrémité des avenues ou des nefs longitudinales et donnant au plan intérieur du monument la figure d'un T. Suivant Quatremère de Quincy, on pourrait voir, dans le sens donné aux *chalcidiques*, le rudiment du transsept qui a pris une place si importante dans les églises du moyen âge.

L'intérieur était généralement divisé en trois parties par deux rangées de colonnes ou d'arcades; celle du milieu plus large et plus haute que les deux autres.

Ces trois avenues parallèles aboutissaient à une enceinte transversale — *trans septum* — protégée par un mur bas ou par une balustrade; cette place était réservée aux jurisconsultes, aux avocats et aux greffiers. En face de l'avenue centrale et au delà du transsept, un hémicycle s'ouvrait dans le mur du fond; il était cou-

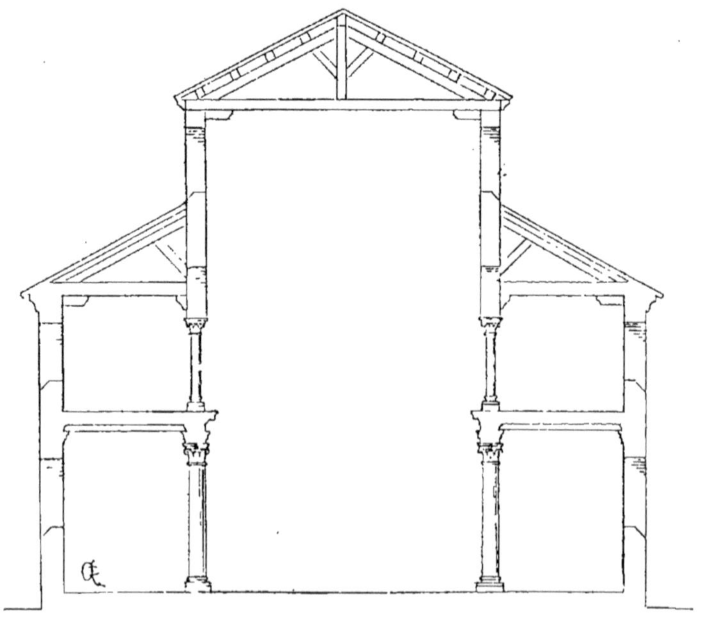

FIG. 3. — BASILIQUE CIVILE. (Coupe transversale.)

vert par une voûte en quart de sphère. L'arcade qui en formait l'entrée s'appelait *absis;* d'où est venu *abside,* que nous retrouverons plus tard.

C'est dans l'hémicycle, ou abside, qu'étaient placés le siège du juge — *tribuna* — et ceux de ses assesseurs. A droite et à gauche, s'élevaient souvent deux absides secondaires, ou de petites salles, destinées à contenir les archives ou divers services accessoires.

La coupe transversale d'une basilique profane nous montre l'économie de sa construction.

Le vaisseau central, formé par les murs latéraux, était supporté par des colonnes, ou des arcades, le séparant des galeries basses. Au-dessus de ces galeries étaient ménagées les tribunes réservées, d'un côté aux hommes, et de l'autre aux femmes et aux vierges admises dans ces basiliques sous la condition d'être séparées des hommes.

La nef principale et les galeries latérales superposées étaient couvertes d'une charpente apparente, souvent en bois de cèdre, richement ornée de dorures, suivant les auteurs anciens; cette charpente formait en même temps le plafond et la toiture de l'édifice, et elle était couverte extérieurement de plaques de plomb ou même de bronze.

CHAPITRE II

BASILIQUES CIVILES A ROME ET EN ORIENT.

Parmi les *basiliques civiles*, dont il est souvent parlé dans les ouvrages des auteurs anciens, il faut citer :

La *basilique Porcia*, construite par les consuls Porcius et Claudius, l'an 566 de Rome; elle touchait à la curie et souffrit de l'incendie qui détruisit ce dernier monument lorsqu'on brûla le corps de Claudius sur le forum; cette basilique dut être l'une des premières bâties par les Romains, car, selon Tite-Live, ce genre d'édifice n'apparut qu'après la première guerre de Macédoine, c'est-à-dire environ 200 ans avant Jésus-Christ.

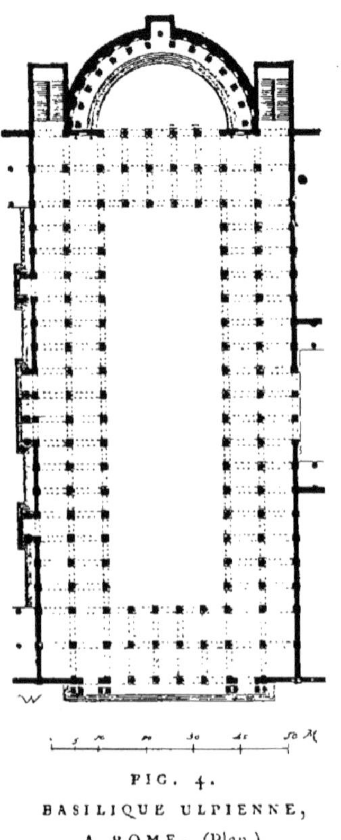

FIG. 4.
BASILIQUE ULPIENNE, A ROME. (Plan.)

La *basilique Fulvia,* construite par le censeur Fulvius, 180 ans avant Jésus-Christ.

La *basilique Simpronia,* bâtie par le tribun Simpronius en l'an 583 de Rome; cet édifice présente cette particularité qu'il fut construit sur l'emplacement de la maison de Scipion l'Africain, à l'ouest du forum et dans le quartier des ouvriers et négociants en laine.

La *basilique Æmilia,* élevée sur le forum par Æmilius Paulus, 33 ans avant Jésus-Christ; elle coûta 1,500 talents, envoyés des Gaules par César; ses dispositions sont en partie connues par le plan antique de Rome conservé au Capitole. Elle avait quatre rangées de colonnes et l'on croit que ses murs étaient ouverts de toutes parts, comme dans le monument de Pæstum.

Et enfin la *basilique Ulpia*, élevée par Trajan sur le forum auquel il avait donné son nom.

L'architecte Apollodore, de Damas, construisit, vers la fin du Ier ou au commencement du IIe siècle de l'ère chrétienne, au milieu du forum de Trajan, la

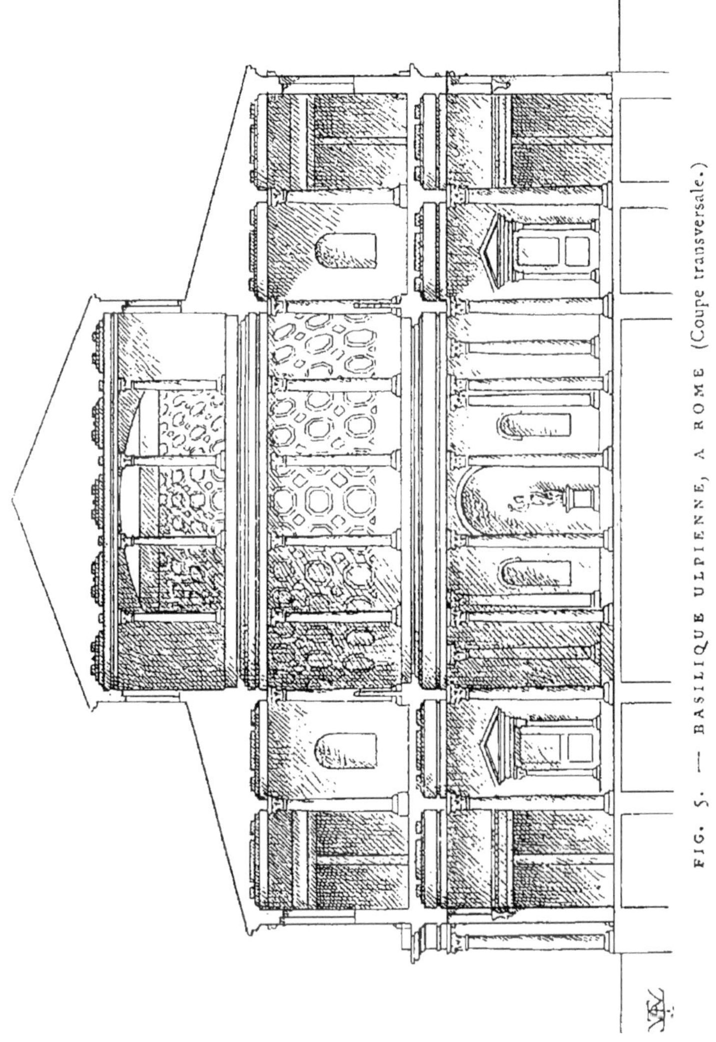

FIG. 5. — BASILIQUE ULPIENNE, A ROME (Coupe transversale.)

basilique Ulpienne, à quatre rangées de colonnes et, par conséquent, à cinq nefs; elle dépassait tous les édifices similaires par la grandeur de ses dispositions et la magnificence de sa décoration intérieure.

Vers le même temps ou à peu près, — 160 à 169 de l'ère chrétienne, — sous les empereurs Marc-Aurèle et Lucius Verus, le légat de Syrie, célèbre par sa révolte, construisit le prétoire de Mousmieh (Syrie centrale), qui rappelle, par ses formes et sa destination, les basiliques romaines et dont l'origine est établie par de curieuses inscriptions gravées sur les pierres de l'édifice[1].

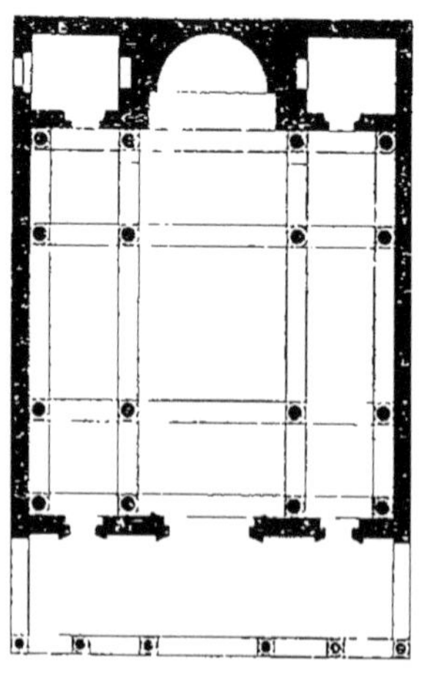

FIG. 6.
PRÉTOIRE DE MOUSMIEH (SYRIE CENTRALE).
(Plan)

Ce prétoire, bâti sous la direction d'Egnatius Fuscus, centurion de la 3e légion gallique, se compose de trois nefs, formées par huit arcs accouplés deux à deux, portés sur quatre groupes de quatre colonnes chacun; le carré central était couvert par une coupole d'arête construite en blocage. Les galeries qui l'entourent étaient fermées par des dalles portant sur l'extrados des arcs accouplés et formant une voûte en berceau.

Les consoles encastrées dans les murs latéraux portent des inscriptions qui démontrent qu'elles ont été destinées à recevoir les portraits des centurions des légions 3e gallique et 6e flavienne qui ont tenu garni-

1. Melchior de Vogüé, *la Syrie centrale.*

FIG. 7. — PRÉTOIRE DE MOUSMIEH (SYRIE CENTRALE).
(Vue perspective intérieure.)

son dans la ville de Phæna, sous les empereurs Marc-Aurèle et Commode; cette circonstance fixe la date de la construction des murs, de l'hémicycle du fond avec sa large conque décorant la voûte et des niches latérales

CHAPITRE III

LES THERMES D'ANTONIN CARACALLA A ROME.

Bien qu'ils paraissent s'éloigner des basiliques par leur destination, les Thermes antiques et surtout les Thermes d'Antonin Caracalla, bâtis au commencement du IIIe siècle, s'y rattachent intimement, non seulement par les particularités de leur construction, mais encore par le parti architectural.

Les Thermes de Caracalla étaient le dernier mot de l'art romain arrivé à son plus haut développement; et si leurs ruines gigantesques sont encore l'objet d'un légitime étonnement, on peut se figurer l'admiration que durent exciter cesimmenses monuments lorsqu'ils étaient complets, imposants par leurs proportions colossales autant que séduisants par la richesse de leur décoration.

Aussi ont-ils frappé l'esprit des architectes contemporains et de ceux qui recueillirent leur succession. Cette influence s'exerça dès les premières années du IVe siècle; nous verrons d'abord les constructeurs chrétiens s'inspirer directement de cette œuvre admirable et donner à l'une de leurs premières basiliques les dispo-

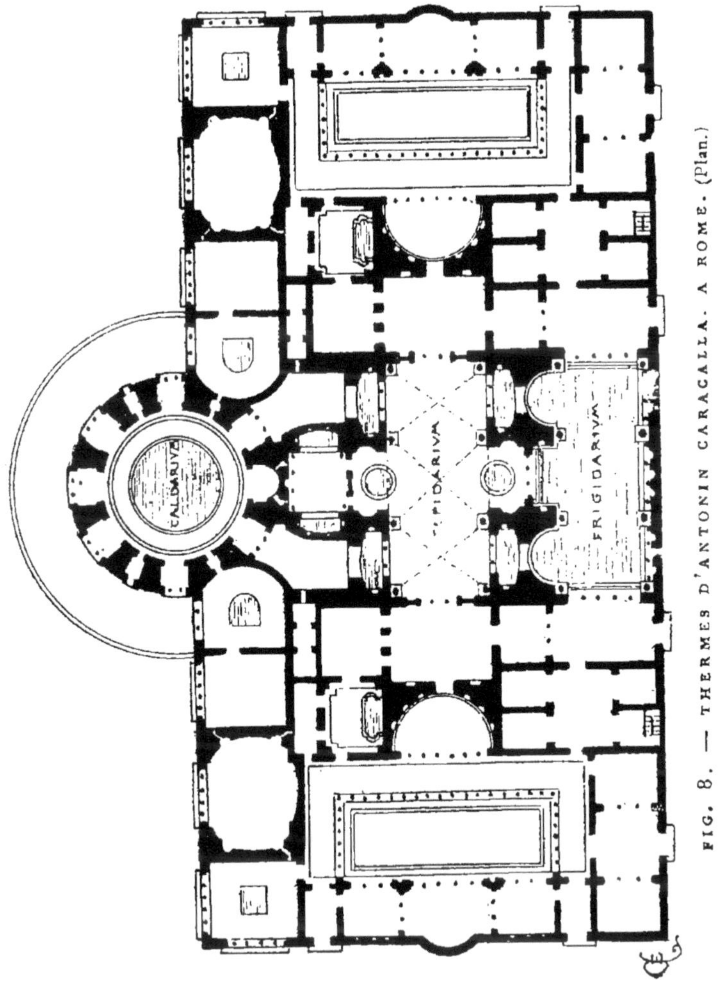

FIG. 8. — THERMES D'ANTONIN CARACALLA. A ROME. (Plan.)

sitions presque identiques de l'une des plus belles salles des Thermes de Caracalla.

Nous verrons ensuite, deux siècles plus tard, les

architectes de Sainte-Sophie se souvenir des Thermes et suivre encore les traditions romaines, perfectionnées ou modifiées au contact de la civilisation orientale.

A l'exception des temples ronds, la plupart des temples et des basiliques de Rome, grecs par le plan et la structure, étaient couverts par des charpentes.

Les nefs des basiliques n'étaient pas voûtées, mais fermées par des combles lambrissés. Ce ne fut qu'après l'incendie de Rome, sous Néron, que les Romains abandonnèrent presque partout les couvertures en charpente pour y substituer les voûtes en maçonnerie.

Les Thermes d'Antonin Caracalla furent construits par cet empereur et achevés en 217, la sixième année de son règne, sauf les portiques de l'enceinte qui y furent ajoutés par Héliogabale et Alexandre Sévère.

Les Romains construisirent ces édifices, réunis dans un immense ensemble, de la manière la plus simple et la plus économique en raison de leur état social. Les Romains n'employèrent presque exclusivement que la brique et le blocage. Les parements sont composés de briques triangulaires posées à plat, leur grand côté vers l'extérieur; au milieu des murs et des massifs, un béton, composé de gros cailloux et d'un excellent mortier, garnissait l'espace vide entre les briques. Afin de régler les assises et pour s'assurer des niveaux, des chaînes de grandes briques sont arasées à certaines hauteurs régulières; des arcs de décharge en briques, noyés dans la construction, répartissent les charges sur les points

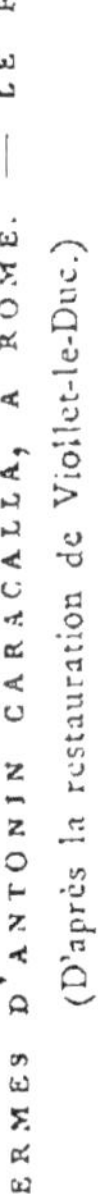

FIG. 9. — THERMES D'ANTONIN CARACALLA, A ROME. — LE FRIGIDARIUM.
(D'après la restauration de Viollet-le-Duc.)

d'appui principaux. Quant aux voûtes, les arcs de tête sont en grandes briques sur deux rangs ordinairement et les remplissages en béton composé de mortier et de pierre ponce.

Après cette construction si simple, si économique et d'une exécution si rapide, les architectes ont élevé leurs portiques formés de colonnes et d'entablements en marbre. Les murs, les piles et les voûtes sont partout à l'intérieur revêtus de marbre, de stuc ou de mosaïque et cette masse grossière a été revêtue d'un splendide manteau embelli du plus somptueux ornement.

La grande salle circulaire, le *Caldarium* des Thermes de Caracalla, avait plus d'un point de ressemblance avec la rotonde d'Agrippa dans sa forme ainsi que dans son mode de construction; mais si les détails sont moins purs, elle n'en reste pas moins un sujet d'étude des plus intéressants au point de vue de la construction des temples ronds.

Les Thermes d'Antonin Caracalla, un des plus beaux exemples du génie romain, de la science des architectes du IIIe siècle et l'un de ceux qui marquent le mieux la puissance de ce grand peuple bâtisseur, inspirèrent les architectes de Rome et de la Syrie dès le IVe siècle, plus tard les constructeurs de Sainte-Sophie et plus près de nous ceux de Saint-Marc à Venise.

L'influence est visible, car on retrouve dans les grands édifices élevés à Rome, en Orient et en Italie du IVe au XIe siècle, non seulement les détails des profils et de la décoration, mais encore la tradition monumentale adoptée et suivie par les Romains, surtout en ce qui concerne le parti architectural des grands arcs, sub-

G. 10. — THERMES D'ANTONIN CARACALLA, A ROME. — LE TEPIDARIUM.
(D'après la restauration de Viollet-le-Duc.)

divisés par des colonnes ou des arcades. Il en est de même pour les moyens de bâtir, consistant dans la construction des points d'appui et des murs en matériaux grossiers, revêtus ensuite de matériaux purement décoratifs.

CHAPITRE IV

LE PANTHÉON DE ROME ET LE PALAIS DE SARVISTAN (PERSE).

Avant de reprendre l'ordre chronologique, qui facilite si bien l'étude des grandes époques de l'histoire de l'architecture, il est utile de retourner en arrière afin d'analyser une des plus belles œuvres des architectes romains : *le Panthéon de Rome*, qui doit être considéré comme le plus parfait des *temples ronds*.

Cette analyse éclairera la recherche des imitations qu'en ont faites, dans la suite des siècles, les constructeurs d'Orient et d'Occident. Elle permettra de comprendre les transformations qu'ils ont fait subir à ce type admirable pour arriver, après bien des tâtonnements, à la coupole parfaite, point de départ d'un système de voûtement dont l'application a produit au moyen âge de si grands et de si beaux ouvrages d'art.

Il faut même remonter beaucoup plus haut, au IVe siècle avant Jésus-Christ, pour trouver, chez les Perses, sinon l'origine, tout au moins une des plus anciennes applications de la coupole circulaire élevée sur plan carré.

Dès le temps de la république, les Romains avaient élevé quelques petits monuments sur plan circulaire, couverts par des voûtes hémisphériques en béton. C'est ainsi qu'est construite la *cella* du temple de Vesta, à Tivoli; mais dès le commencement de l'empire, ce genre de construction prit des développements inconnus jusqu'alors.

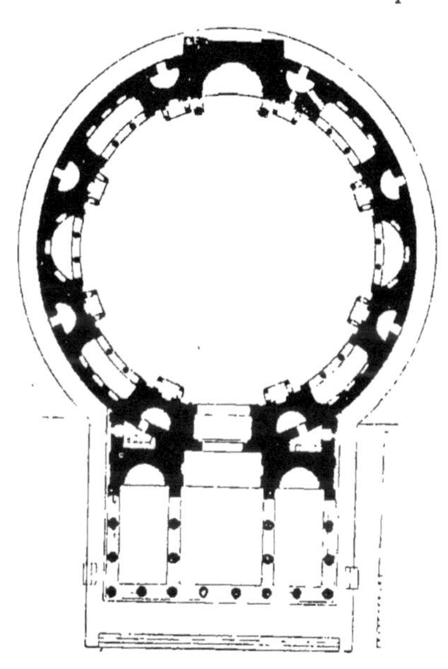

FIG. 11.
LE PANTHÉON DE ROME.
(Plan.)

Agrippa fit bâtir le premier des thermes magnifiques, à Rome, dans la neuvième région. Fit-il en même temps élever la vaste salle sur plan circulaire, connue sous le nom de *Panthéon*, qui touchait à ces thermes sans être toutefois en communication directe avec eux[1]? Quoi qu'il en soit, Dion affirme qu'Agrippa acheva le Panthéon l'an 729 de Rome, soit l'an 24 avant l'ère chrétienne; mais cet achèvement concerne le portique élevé après coup devant la porte de la rotonde, ainsi que le constate l'inscription qu'on lit encore sur la frise de ce portique. Qu'Agrippa ait élevé le Panthéon, ou qu'il

1. Viollet-le-Duc, *Entretiens sur l'architecture.*

l'ait seulement décoré : à l'intérieur d'une splendide ordonnance de marbre et à l'extérieur d'un portique en granit gris et en marbre blanc, ce qu'il est facile de voir et ce qui nous importe, c'est de constater combien la construction de cette salle et sa décoration forment deux parties distinctes.

Ainsi enrichie par les soins d'Agrippa, la Rotonde fut dédiée à Jupiter vengeur. Le diamètre de la salle est, à l'intérieur, de 43^{m},40 et le mur circulaire, qui porte la voûte, a 5^{m},40 d'épaisseur, soit environ le septième du diamètre du cercle intérieur. Du pavé au sommet de la voûte on compte 44^{m},40 ; le diamètre est ainsi égal, à peu de chose près, à la hauteur intérieure de tout l'édifice. Le mur circulaire n'est pas plein ; outre la porte d'entrée, il est évidé à l'intérieur par sept grandes niches : quatre rectangulaires et trois semi-circulaires.

Entre ces allégissements sont disposées au rez-de-chaussée huit niches en demi-cercle et, à la hauteur de la naissance de la voûte, seize vides qui s'ouvriraient sur le dehors s'ils n'étaient fermés par un mur de remplissage peu épais.

Il n'est pas de construction mieux raisonnée au point de vue de la durée et de la solidité ; elle est entièrement parementée en grandes briques avec remplissage en blocage dans les massifs, suivant la méthode romaine, avec bandeaux en marbre [1].

La voûte prend naissance à 22^{m},50 au-dessus du sol intérieur, c'est-à-dire à peu près à la moitié totale de

1. Viollet-le-Duc, *Entretiens sur l'architecture.*

FIG. 12. — LE PANTHÉON DE ROME. (Coupe longitudinale.)

la hauteur sous-œuvre. Nous ne donnons pas ces dimensions sans raison; elles font voir que les Romains possédaient certaines formules applicables aux vides des édifices, qu'ils établissaient des rapports exacts entre les hauteurs et les largeurs de ces vides et qu'ils soumettaient l'apparence extérieure de leurs monuments aux dispositions prises dans les intérieurs.

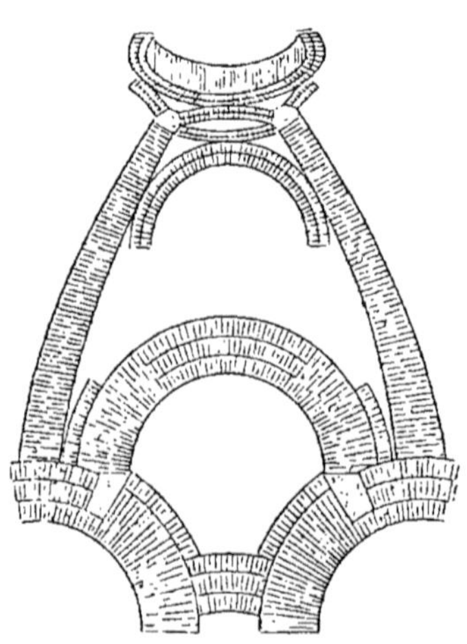

FIG. 13. — COUPOLE DU PANTHÉON DE ROME
(Détails de construction de la voûte.)

La voûte semi-sphérique qui couronne le mur évidé formant la muraille circulaire de l'édifice est bâtie en briques et en blocages; les briques, noyées dans l'épaisseur, tiennent lieu de nervures à la voûte, allégée par cinq rangs de caissons évidés dans la concavité intérieure.

Le mur circulaire, grâce aux vides ménagés dans son épaisseur, n'est qu'un composé d'arcs de décharge reportant toutes ses pesanteurs sur seize massifs principaux.

C'est tout un système de construction qui impose des lois à l'architecture, avant que l'architecte ne songe à la décoration du monument[1].

Il est facile de reconnaître d'abord que la partie purement décorative ne fait pas corps avec la structure,

1. Viollet-le-Duc, *Entretiens sur l'architecture.*

car cette décoration, faite après coup, ne se compose que d'un placage qui ne contribue pas à la solidité de l'édifice; puisqu'il n'existe plus, comme dans les constructions grecques, une alliance intime, absolue, entre la construction et le vêtement décoratif qu'elle reçoit.

En étudiant la construction de cette immense rotonde, on voit avec quel soin l'architecte a évité les masses inutiles et avec quelle science il a combiné les pleins et les vides, ceux-ci contribuant à assurer la rigidité du mur circulaire en reportant les charges sur des points déterminés et en multipliant les surfaces résistantes; à la naissance de la voûte, une série de contreforts, coupant les voûtes en quart de sphère et des berceaux bandés parallèlement au mur circulaire, maintient puissamment la grande coupole hémisphérique (fig. 13).

Le Panthéon compte, très justement, parmi les chefs-d'œuvre de l'architecture romaine. Il fut construit en l'an 26 avant Jésus-Christ, par l'architecte Valerius d'Ostie. Nous avons vu précédemment les dimensions colossales de cette vaste salle et la décoration qui y fut appliquée après sa construction; l'attique, orné de pilastres, qui, à l'origine, surmontait les colonnes a été remplacé par les cariatides de Diogène. Une petite corniche sépare cet attique de la coupole qui s'élève d'un jet jusqu'à l'ouverture circulaire, large de sept mètres, d'où tombe un flot de lumière. Cet éclairage unique, glissant sur les caissons de la coupole et laissant les grandes niches dans une ombre mystérieuse, la régularité grandiose de l'ordonnance et la beauté de la matière donnent au solennel édifice un aspect extraordinairement majestueux.

Le palais de Sarvistan, construit au IVe siècle avant Jésus-Christ[1], s'élève à l'extrémité d'une plaine déserte traversée par la vieille route des caravanes, conduisant de Chiraz à Darab-Guerd et à Bender-Abbas.

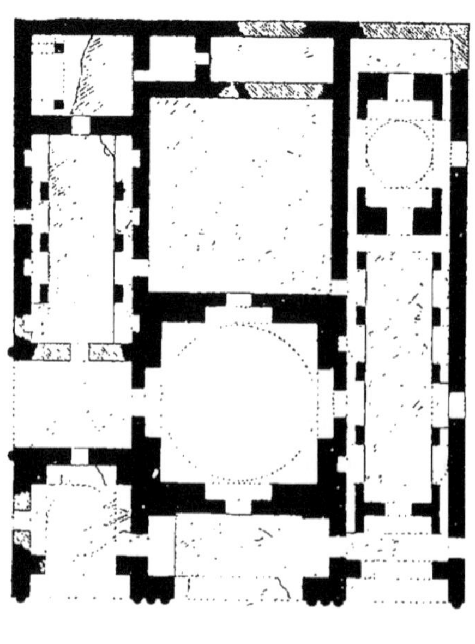

FIG. 14.
PALAIS DE SARVISTAN (PERSE).
(Plan.)
(D'après les dessins de M. Dieulafoy.)

Les murs du monument sont construits en moellons bruts posés à bains de mortier; à l'intérieur, ils étaient recouverts d'un enduit en plâtre. Les coupoles et les voûtes en berceau — bâties en briques carrées de 8 centimètres d'épaisseur et de 27 centimètres de côté, très grossièrement fabriquées, mais très solides, grâce à la qualité de la terre qui a pris, par la cuisson, une extrême dureté — sont encore en grande partie debout, ainsi que les

1. *L'Art antique de la Perse*, Marcel Dieulafoy.

murs, malgré la fréquence des tremblements de terre.

FIG. 15. — PALAIS DE SARVISTAN (PERSE). (Coupole.)
(D'après les dessins de M. Dieulafoy.)

La construction tout entière se développe autour

d'une salle ornée dont le rôle prépondérant est accusé : au dehors par une haute coupole, et au dedans par les vastes proportions du vaisseau et la largeur des baies percées au milieu des faces. Deux des entrées s'ouvrent sur les galeries extérieures : la première, située dans l'axe général de la construction, est précédée d'un porche composé de trois travées dissemblables ; la seconde vient à la suite d'un vestibule communiquant avec le porche et une pièce voûtée.

« La partie la plus intéressante de l'édifice, celle qui mérite par cela même d'être étudiée avec le plus grand soin, est sans contredit la grande salle et l'ensemble des voûtes qui les surmontent.

« Le dôme, construit entièrement en briques, est de forme ovoïde. Il repose sur quatre trompes bandées entre les angles et sur quatre pendentifs qui raccordent la base de la coupole avec les trompes et les faces verticales des murs. Tout cet ensemble est soutenu par quatre grands arceaux elliptiques au milieu et au fond desquels s'ouvrent les portes...

« Le monument de Sarvistan est bien simple d'aspect; cependant il est du plus haut intérêt, car son étude éclaire d'un jour tout nouveau l'histoire de la coupole sur pendentifs dont Sainte-Sophie nous offre un des exemples les plus célèbres[1].... »

1. *L'Art antique de la Perse*, Marcel Dieulafoy.

CHAPITRE V[1]

TRANSFORMATION DES BASILIQUES CIVILES. — ORIENTATION DES BASILIQUES ET DES ÉGLISES CHRÉTIENNES.

Dès les premières années du IVe siècle, après la promulgation du célèbre édit rendu à Milan en 313, et par lequel Constantin proclama le christianisme religion de l'Empire, les architectes chrétiens comprirent le parti qu'ils pouvaient tirer des basiliques civiles admirablement disposées pour recevoir un grand nombre d'hommes et, avant de construire de toutes pièces les temples de la religion nouvelle, ils approprièrent pour l'exercice du culte nouveau les diverses parties des édifices anciens qu'ils avaient à leur disposition.

De par les *Constitutions apostoliques* l'église devant représenter la barque de saint Pierre, l'avenue centrale de la basilique devint la nef.

Des balustrades ou des murs d'appui la divisaient en deux parties.

Au bas de la nef était le *pronaos*, emplacement des-

1 Afin d'éviter la répétition des notes et des renvois multipliés dans les chapitres V et VI, nous dirons une fois pour toutes que nous avons trouvé dans les travaux de Jules Quicherat, publiés par R. de Lasteyrie, les renseignements archéologiques et historiques qui ont un si grand intérêt pour l'étude des origines de l'*architecture romane*.

tiné aux catéchumènes et à une certaine classe de pénitents; en un mot, à tous les membres de la communauté chrétienne qui, ne pouvant entendre qu'une partie des offices, étaient tenus de sortir de l'église avant la consécration.

Plus haut, vers le transsept, se trouvait le chœur — *chorus*, — espace entouré d'une cloison basse dans laquelle étaient disposés des *ambons*, ou pupitres, pour la lecture, par les diacres, des Saintes Écritures; à cette place se tenaient les chantres, les instrumentistes, les exorcistes et de nombreux acolytes qui composaient avec eux le bas clergé des basiliques.

A l'extrémité de la nef, au centre du chalcidique, ou transsept, donnant au plan basilical la forme d'un T ou d'un *tau*, figure pour laquelle les chrétiens eurent une prédilection particulière parce que le tau était l'image de la croix, se trouvait l'emplacement de l'autel, le sanctuaire, l'*altarium* ou *sacrarium*, la place des diacres et des sous-diacres.

L'autel était placé au milieu, entre l'hémicycle ou *abside* ménagée dans le mur du fond et l'arc triomphal s'ouvrant dans la nef.

L'hémicycle ou *abside*, qui avait été jadis le tribunal, devint l'emplacement des prêtres ordonnés; c'est pourquoi on le trouve désigné sous le nom de *presbyterium*. Un banc circulaire, interrompu au milieu par un siège plus élevé, *consistorium*, contournait le mur du fond. La place éminente, *suggestus*, était celle de l'évêque ou du dignitaire qui en tenait lieu.

Les galeries latérales ou bas côtés recevaient l'assistance. Les dénominations de *plaga* ou de *porticus* étaient communes à l'une et à l'autre; on les distinguait par l'épithète de *dextera* et *læva*, droite ou gauche ; ou par le déterminatif *virorum*, *mulierum*, parce que les sexes étaient séparés dans l'église et que les hommes devaient occuper la droite et les femmes la gauche; mais la détermination de la droite et de la gauche des églises a été de bonne heure une cause de confusion parce que l'orientation des églises a changé et que les liturgistes du moyen âge s'attachèrent à la lettre des anciens textes sans tenir compte de ce changement.

On n'eut pas d'abord d'idée arrêtée sur l'*orientation des basiliques*, car les plus anciennes de Rome ont leurs façades tantôt au nord, et tantôt au sud, à l'est ou à l'ouest.

Une des constitutions de la fin du Ier siècle, attribuées à saint Clément, veut que le prêtre regarde l'orient pour accomplir la consécration. Cette prescription paraît avoir déterminé la situation de l'église telle qu'on la voit encore à Saint-Pierre du Vatican et à Saint-Jean-de-Latran, c'est-à-dire la façade tournée à l'est. Le prêtre célébrait derrière l'autel, *regardant l'assistance*, les hommes à sa droite, c'est-à dire au midi, les femmes à sa gauche, c'est-à-dire au nord; aussi les bas côtés, droit et gauche, furent-ils déterminés par les épithètes *australis* et *septentrionalis*.

Au Ve siècle, l'orientation contraire fut préférée. Les basiliques présentent leur façade à l'ouest pour se conformer à la règle qui voulait que le prêtre *tournât le dos à l'assistance*. Cela fit que la droite de l'église devint celle du prêtre, c'est-à-dire au midi. Mais, chose singulière, la droite et la gauche de l'autel restèrent comme auparavant, la droite au nord, la gauche au midi ; car il a toujours été entendu que l'évangile se lisait à droite de l'autel et l'épître à gauche, — c'est-à-dire l'évangile paraissant à gauche pour l'assistant tourné vers l'autel.

De là s'est produite une confusion dans l'esprit de quelques auteurs qui, ne comprenant pas que l'attitude de l'église pût différer de celle de l'autel, ont mis la droite de l'église au nord. La même interversion eut lieu pour le placement des fidèles. La basilique de Saint-Apollinaire-le-Neuf, à Ravenne, édifice du VIe siècle qui a sa façade à l'ouest, en fournit la preuve.

La décoration principale de ce bel édifice consiste en une frise immense où sont représentées en mosaïque les figures des saints et des saintes. Or les saintes, qui devaient être vues par les femmes, occupent le mur septentrional de l'église, tandis que le mur méridional est occupé par les saints. Donc les hommes étaient dans le bas côté nord, c'est-à-dire du côté de l'évangile, et les femmes dans le bas côté sud, c'est-à-dire du côté de l'épître. C'est par l'effet de la fausse interprétation, signalée dans le paragraphe précédent, que cet ordre fut changé dans les siècles suivants.

CHAPITRE VI

ABSIDE. — BASILIQUE A TROIS MEMBRES. — NEF ET BAS COTÉS. — FAÇADE. — BAPTISTÈRE. — TOUR-LANTERNE. — CLOCHER. — DÉPENDANCES EXTÉRIEURES DES BASILIQUES.

Dans les premiers temps de l'Église chrétienne, l'abside changea de destination ; elle cessa d'être le *presbyterium* pour devenir le *martyrium*, c'est-à-dire le lieu où reposait le corps du saint patron de la basilique, ou la relique à qui s'adressait particulièrement la dévotion du lieu. Il en était ainsi, avant l'an 500, dans l'église primitive de saint Martin à Tours, et cet usage se répandit dans les siècles suivants.

L'abside primitive n'avait pas d'autre jour que celui qu'elle recevait de la nef ou du transsept. Transformée en *martyrium,* elle fut non seulement percée de fenêtres, mais encore, selon certains auteurs, elles auraient été entièrement ajourées, ou même ouvertes à leur base, afin d'être mises en communication avec une galerie basse qui les entourait, de telle sorte que la disposition si caractéristique du chevet des églises modernes remonterait à cette antiquité, c'est-à-dire au ve siècle.

Au commencement du vi^{e} siècle, on construisit des basiliques selon le mode du temps, mais que l'on disait établies en trois membres, parce que leurs trois galeries longitudinales — nef et bas côtés — étaient considérées comme des églises ayant chacune son patron particulier. On peut croire que l'ancien temple de Jupiter capitolin de Rome, qui avait contenu dans sa triple *cella* trois sanctuaires à la fois : au milieu Jupiter, à gauche Junon et à droite Minerve, ait suggéré l'idée de ces temples chrétiens.

Les bas côtés, tout comme la nef, eurent leur autel et leur abside toujours plus petite que celle du milieu. En archéologie, on les appelle *absidioles*.

Le plan de San-Pietro-in-Vincoli, à Rome, bâtie vers les premières années du ve siècle (fig. 24), donne l'image de cette disposition caractéristique, qui fut si souvent imitée par les constructeurs du moyen âge.

Les dépendances du sanctuaire étaient formées de constructions basses, appuyées contre les murs du chevet de la basilique et mises en communication avec celle-ci par des portes qui remplissaient le même office que les *sacristies* modernes. Le nom de ces dépendances a changé selon les temps et les lieux : on a dit : *pastophorium*, *diaconicum*, *gazophylacium*, *secretarium*, *vestiarium*, *thesaurus*. Ces trois derniers termes sont ceux dont l'usage a été le plus répandu ; leur place était ordinairement contre le mur de fond, à côté de l'abside ou contre l'abside.

La nef et les bas côtés, formant le corps de basilique, furent les parties qui changèrent le moins ; cependant les convenances d'appropriation, par suite des nécessités liturgiques ou bien encore, et le plus souvent, le manque de ressources, ont fait introduire dans ces nefs et dans ces bas côtés des dispositions qui paraissent avoir eu une certaine généralité. Un des changements les plus marqués fut le remplacement des colonnes par des piles, changement plus général à mesure qu'on s'éloigna de l'antiquité, par la raison que les ruines des anciens monuments, exploitées depuis des siècles, ne fournissaient plus de colonnes.

Dans les contrées septentrionales de l'Europe, les colonnes, en pierre ou en marbre, n'avaient point été prodiguées comme en Italie, et il fallait les faire venir à grands frais; lorsque Charlemagne éleva la basilique d'Aix-la-Chapelle, il fut obligé d'envoyer prendre à Ravenne les colonnes et les marbres nécessaires pour décorer sa nouvelle église.

En Italie, les bas côtés des basiliques sont aveugles; mais il n'en était pas de même dans les autres pays, car ils étaient ajourés lorsque la disposition des lieux le permettait. Ordinairement les bas côtés étaient flanqués de bâtiments étroits, divisés en pièces appelées chambres, — *cubicula*, — qui communiquaient avec l'église par des portes monumentales, ou bien ces chambres étaient l'équivalent de ce qu'on a appelé aussi oratoires ou exèdres, parce que ces réduits contenaient une abside. Les dévots s'y livraient à la dévotion et à la prière; les privilégiés y recevaient la sépulture, ou bien elles servaient de logement à des personnages d'un certain ordre.

Toutes les églises construites dès les premiers siècles de l'ère chrétienne n'étaient pas pourvues de bas côtés, car il est certain qu'on éleva alors un grand nombre de basiliques composées d'une seule nef, comme la plupart des paroisses rurales bâties à l'époque barbare.

C'est l'édifice que les textes du temps de Charlemagne et de ses successeurs désignent sous le nom de *capella*, chapelle, et ce nom de chapelle a été pendant longtemps celui de toute église de campagne, même paroissiale. Presque tout ce qui nous reste des anciennes constructions religieuses de la Gaule appartient à des chapelles de ce genre.

La façade des basiliques indiquait généralement la coupe de l'édifice, marquant à la base la largeur du vaisseau central et des bas côtés, profilés par deux remparts, entre lesquels montait la nef couronnée par un fronton.

Les portes étaient au nombre de trois et quelquefois de cinq, correspondant aux trois ou aux cinq divisions de la nef; celle du milieu était plus haute que les autres, et à toutes s'appliquait l'épithète de *regiæ*, royales. Elles étaient fermées par des vantaux de bois richement travaillé, ou de bronze, et munies, à l'intérieur, de portières en étoffes précieuses.

Au-dessus des portes, la façade était percée de fenêtres et, dans le tympan du fronton, s'ouvrait un œil-de-bœuf, dans lequel on pouvait voir l'origine des roses éclairant la nef des cathédrales. Le tympan et le pourtour des fenêtres étaient souvent ornés de mosaïques.

Devant les portes régnait un large portique, fermé aux deux extrémités, qui ne paraît pas avoir eu de nom particulier dans l'église latine. Les Grecs l'appelaient *narthex*, dont *ferula* est l'équivalent; mais la dénomination qui fut la plus employée dans l'Europe occidentale est *porticus*, d'où est venu *porche*.

C'est sous ce portique que stationnaient ceux qui ne

pouvaient assister à tous les offices, en attendant le moment où ils pouvaient entrer dans l'église.

A l'intérieur de l'église, au revers de la façade, se trouvait le *pronaos,* délimité le plus souvent par une simple balustrade; mais, dans certaines basiliques, il prenait un aspect monumental, parce qu'il était formé par une colonnade traversant le bas de la nef et surmonté d'une tribune, comme à Sainte-Agnès-hors-les-Murs (fig. 57). Cette disposition n'était guère usitée que dans les basiliques étagées, la tribune établissait alors une communication entre les galeries supérieures des deux côtés.

Pendant les premiers siècles du triomphe de la religion chrétienne, dont le baptême est une des cérémonies les plus importantes, il était de règle que ce sacrement fût administré, par immersion, dans un édifice séparé de la basilique.

Saint Sylvestre fit construire, au IVe siècle, près de la basilique de Saint-Jean-de-Latran, qu'il avait reçue de Constantin, un baptistère octogone, magnifiquement orné, et le consacra à saint Jean-Baptiste, qui était le saint auquel étaient dédiés presque tous les édifices du même genre.

On construisit des baptistères sous diverses formes; ronds ou octogones et souvent sur un plan carré, cantonné sur chaque face, ou seulement sur trois, d'une absidiole et affectant la figure d'un trèfle ou d'un quatrefeuille; le carré central couronné d'une voûte d'arête ou d'une petite coupole et les absidioles voûtées en quart de sphère.

Au milieu des baptistères était établi un bassin — *labrum* ou *lavacrum,* qu'on emplissait d'eau ou qui était alimenté par une source. On se servit souvent de cuves en marbre, en granit ou en porphyre enlevées aux thermes romains ; mais le plus souvent la cuve baptismale, qui devait contenir plusieurs personnes, était formée de dalles de pierre ou de marbre, scellées dans une aire en ciment qui formait le fond.

Les absidioles étaient destinées à recevoir des autels sur lesquels on disait la messe afin de donner la communion aux néophytes après le baptême.

Dès le VIIIe siècle, les usages relatifs à la cérémonie du baptême se modifièrent. Il fut permis de baptiser dans l'intérieur, et dès lors on plaça les piscines ou les cuves baptismales dans le bas côté gauche — du côté de l'évangile — des basiliques chrétiennes.

Depuis la fin du Ve siècle, un grand nombre d'églises présentèrent une disposition qu'on ne trouve pas dans les basiliques d'Italie, mais qui rappelait celle de plusieurs églises de la Syrie centrale, de Constantinople et de la Grèce.

Une coupole ou une tour s'éleva au-dessus du transsept et fut appelée par les écrivains de l'époque mérovingienne : la tour par excellence, — *turris.*

Le transsept était partagé en trois parties par deux murs de refend percés chacun d'une grande arcade en prolongement des colonnades ou arcades de la nef ; l'*altarium* était transformé par là en un emplacement carré contenu entre l'ouverture de l'abside, l'arc triomphal de la nef et les deux arcs latéraux. Grâce à l'appui des quatre murs, il fut possible de surélever la construction au-dessus des combles de la nef et des bras du transsept. Percée de fenêtres de tous les côtés, elle prit l'apparence d'une lanterne carrée, polygone ou ronde, au sommet de laquelle était la toiture couvrant l'autel.

La tour-lanterne versait sur le sanctuaire une lumière abondante et annonçait de loin cette partie capitale de l'église et, pour lui donner plus d'effet, on la couronna d'un campanile en bois doré — *machina, arx* — ouvrage élégant qui se composait de plusieurs retraites d'arcades à trois étages ordinairement; d'où l'épithète de *tristega* appliquée au campanile.

Sans vouloir disserter sur l'origine des cloches, on peut dire que leur emploi dans le culte chrétien n'est pas mentionné avant le VIe siècle et que les cloches usitées à l'époque mérovingienne devaient ressembler, comme dimensions, à celles dont on se sert encore dans les collèges ou dans les marchés. C'est dans la seconde moitié du VIIIe siècle que les cloches acquirent un volume assez considérable pour qu'il devînt nécessaire de construire des édifices pour les suspendre.

Le premier clocher dont il soit fait mention est celui de Saint-Pierre du Vatican.

Cloche s'est dit *campana* et *clocca*, d'où les termes de *campanarium*, *turris campanaria*, *clocarium*, pour dire un clocher. On s'est servi aussi, au IXe siècle, des mots : *turricula*, turris *claxendix*, le premier par opposition à la *turris*, coupole dôme ou tour-lanterne de l'église, le second quand il y avait un escalier en vis pour monter au sommet de la tour.

Les premiers clochers furent de forme ronde et toujours d'un petit diamètre, à l'exemple des coupoles byzantines ou grecques, ce qui prouve que les cloches qu'ils contenaient étaient de très petite dimension. Les cloches étaient suspendues au sommet de la tour, dans une partie évidée d'arcades, recouverte par un comble ; le reste de la construction était parementé sans autres ouvertures que des meurtrières éclairant l'escalier.

Les clochers étaient très souvent séparés du corps de l'église. En Italie, un grand nombre d'églises, de tous les temps du moyen âge, ont leur clocher séparé d'elles par une distance souvent considérable.

Le plan de Saint-Gall indique deux tours rondes placées symétriquement sur le devant de l'église et communiquant avec le portique ; la légende qui accompagne ce plan indique que ces tours, qui n'étaient pas destinées à recevoir des cloches, sont des observatoires ou oratoires dédiés aux anges ; l'un à saint Michel et l'autre à saint Gabriel.

A une époque plus ancienne il existait déjà, en avant de certaines basiliques, de ces tours sous l'invocation de saint Michel et qui ne furent certainement pas des clochers. Il en existait une au VIIe siècle à l'entrée du monastère de Saint-Maur qui reproduisait en plan la forme d'une croix.

La force de l'habitude fit appliquer la forme ronde à des clochers construits même au XIIe siècle, comme celui de Saint-Théodore d'Uzès, qui date de cette époque ; mais ces exemples sont rares et il paraît certain que, dès le Xe siècle, le plan carré fut préféré (fig. 87 et 88).

Outre les grosses cloches qui annonçaient au loin les offices, on continuait, pour régler les exercices religieux du clergé, d'employer des clochettes. Elles sont appelées dans les textes : *signum, schilla, nola* — en français : sin, esquielle, eschelette. — Elles prirent place au IXe siècle dans les campaniles qui couronnaient les dômes.

Les dépendances extérieures des basiliques latines eurent, dès l'origine, une importance qui ne fit que s'accroître. Il convient de remarquer que si la basilique civile ou profane était ouverte de toutes parts sur des places les plus fréquentées de la ville, la basilique sacrée au contraire fut éloignée, autant qu'il était possible, de la voie publique et il y eut au moins une cour établie devant la basilique, sur toute la largeur de la façade. Cette cour, environnée de portiques qui se raccordaient avec le *narthex*, ou porche d'entrée, constituait l'*aitre* de l'église — *atrium* — et, comme on y enterra, dès les premiers siècles, les fidèles qui s'étaient recommandés par leurs mérites, elle fut appelée aussi *paradisus*, d'où est venu parvis.

L'aitre, ou atrium, était environné de portiques qui se raccordaient avec le porche d'entrée. L'ensemble des galeries s'appelait *triporticus* ou *quadriporticus*, selon qu'elles étaient au nombre de trois ou de quatre.

Les basiliques somptueuses des temps les plus anciens eurent un premier enclos, triportique ou quadriportique, qui précédait l'atrium. Ainsi se présentait, la façade tournée du côté de la Saône, une basilique édifiée à Lyon vers 460 par l'évêque Patient. C'était le temps où l'on ne ménageait pas les colonnes. Les deux enceintes extérieures de la basilique de Lyon formaient chacune un triportique et tous les supports étaient des colonnes en marbre des Pyrénées. Plus tard on réserva le marbre pour les intérieurs, et les auteurs, depuis le VIIe siècle, ne parlent plus de la magnificence des portiques extérieurs, ce qui tendrait à prouver qu'ils étaient dès lors établis d'une manière beaucoup plus simple.

Sous les portiques latéraux de l'aitre s'ouvraient parfois des cellules qui servaient de logement aux moines habitués de la basilique ou aux plus recommandés parmi les malades qui venaient y chercher leur guérison.

Au milieu de l'aitre se trouvait ordinairement une vasque d'où sortait un jet d'eau, ou bien encore une citerne, ou un puits; cet accessoire a été désigné sous les noms de *phiala, cantharus, puteus*. C'est là que les fidèles, avant de pénétrer dans la basilique, faisaient les ablutions, dont la prise d'eau bénite à l'entrée des églises est une réminiscence.

De très bonne heure, l'aitre perdit son importance et son aspect monumental; ce ne fut plus qu'une petite cour sans portique, entourée de bâtiments ou seulement de murs. Ce changement tient à deux circonstances : la société tout entière étant devenue chrétienne, la classe des catéchumènes disparut; la discipline s'adoucit à l'égard des pêcheurs et comme les grands coupables furent seuls exclus des sacrements, on cessa de voir ces troupes de pénitents qui assiégeaient auparavant les abords de la basilique en attendant le jour de la réconciliation.

Enfin l'extension que prit l'institution monastique obligea d'augmenter les dépendances de l'église en vue de ceux qui la desservaient.

A partir du VIe siècle la plupart des basiliques chrétiennes furent affectées à des communautés de religieux, souvent si considérables qu'elles comptaient plusieurs centaines de personnes. Plus tard, sous la seconde race, une règle imitée de celle des monastères, la règle des chanoines fut imposée par les conciles nationaux aux clergés des cathédrales et de toutes les grandes basiliques séculières. Les bâtiments nécessaires aux actes de la vie commune de ces pieuses congrégations furent établis sur l'un des bas côtés de l'église et l'on trouva commode de les disposer autour d'une cour carrée. C'est là que fut transporté sous le nom de cloître — *claustrum* — le quadriportique devenu inutile sur la façade. Il s'est maintenu à cette place pendant toute la durée du moyen âge.

CHAPITRE VII

BASILIQUES DE CONSTANTIN, DE SAINT-PAUL-HORS-LES-MURS, DE SAINTE-MARIE-MAJEURE, DE SAINT-PIERRE-A-VINCOLI, A ROME — BAPTISTÈRE A NOVARE (ITALIE).

La Basilique dite de Constantin est l'une des plus anciennes parmi les basiliques judiciaires qui devinrent les premiers sanctuaires du christianisme.

Commencée sous Maxence, elle fut achevée dans les premières années du IVe siècle, sous le règne de Constantin. Elle peut être considérée comme l'un des derniers monuments de l'art antique. Le plan est simple et digne encore d'être comparé aux œuvres du beau temps de l'architecture romaine. Les proportions de la salle sont fort belles et la construction en est très soignée.

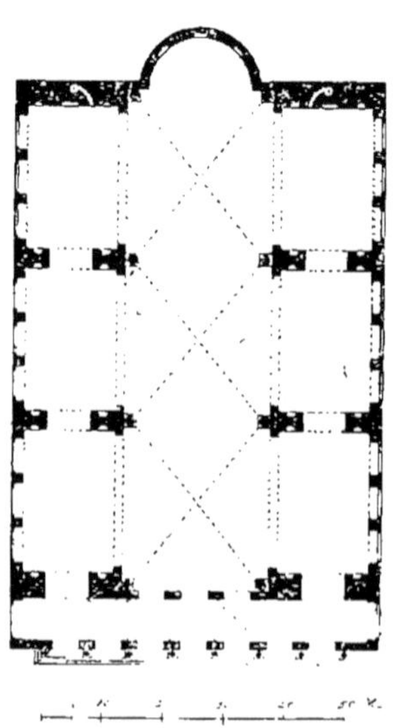

FIG. 16. — BASILIQUE DE CONSTANTIN, A ROME. (Plan.)

La nef de la basilique de Constantin présente cette particularité de ressembler absolument au *Tepidarium* des Thermes d'Antonin Caracalla (fig. 10). Il est naturel, d'ailleurs, que les architectes du temps de l'empereur Maxence aient subi l'influence des superbes monuments qu'ils avaient sous les yeux et qui devaient être alors dans tout l'éclat de leur splendeur.

Le parti architectural est le même. Le vaisseau principal se compose, comme aux Thermes, de trois grandes travées marquées par de grands arcs longitudinaux et il est couvert par une voûte d'arête plein cintre, construite en briques et en blocage; la poussée de cette belle voûte, dont les retombées étaient soutenues par des colonnes hors œuvre, couronnées d'une corniche avec architrave, était maintenue par des murs transversaux, percés d'arcades faisant com-

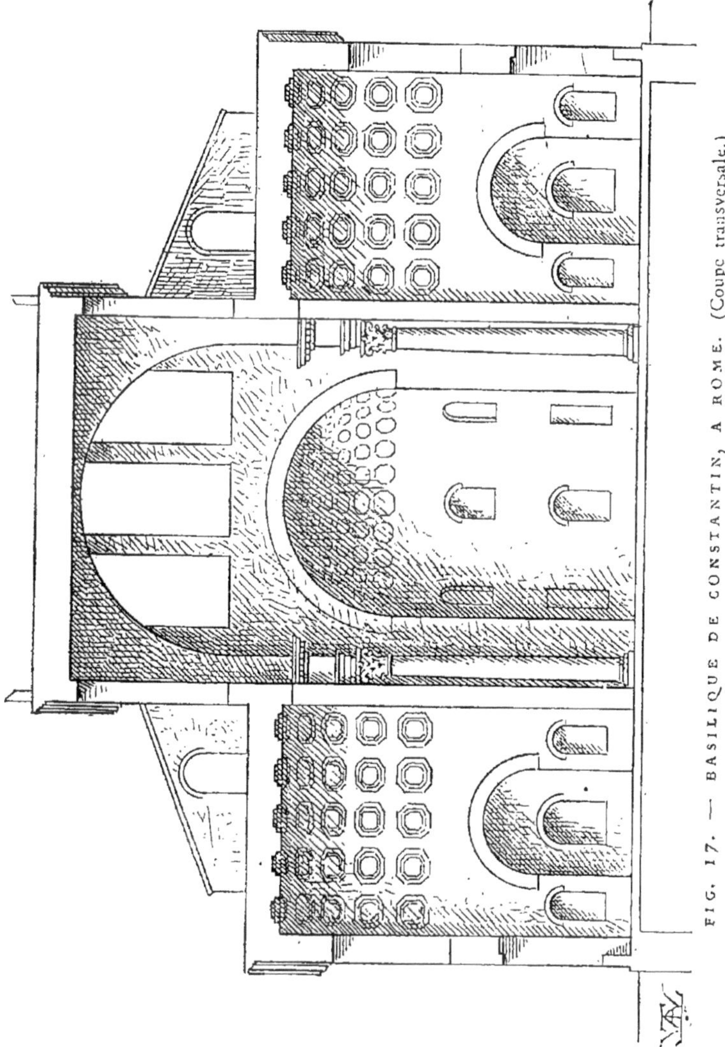

FIG. 17. — BASILIQUE DE CONSTANTIN, A ROME. (Coupe transversale.)

muniquer entre eux les bas côtés; ces murs transversaux étaient eux-mêmes réunis, solidarisés, par des arcs plein cintre en berceau, construits comme la grande voûte et ornés à l'intérieur de caissons décoratifs.

La basilique se terminait au chevet central par un hémicycle, ou abside, voûté en quart de sphère; et un portique, enrichi de colonnes sous lequel s'ouvraient les portes, s'étendait en avant de la façade et sur toute la largeur de l'édifice.

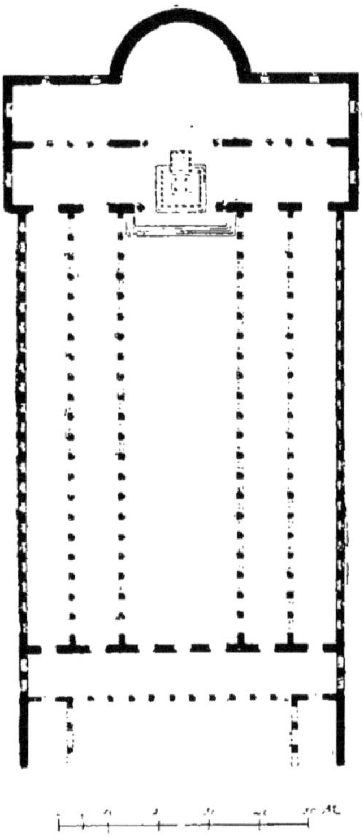

FIG. 18. — BASILIQUE DE SAINT-PAUL-HORS-LES-MURS, A ROME. (Plan.)

Après les monuments de Constantin vinrent ceux de ses successeurs qui donnèrent encore plus d'extension à la construction des basiliques.

Parmi celles qui furent bâties en grand nombre jusqu'à la fin du ve siècle, il faut citer la basilique de Saint-Paul-hors-les-Murs, sur la route d'Ostie, construite sur l'emplacement d'une petite église de Constantin.

Commencée en 386 et terminée dans les premières années du ve siècle, sous le règne d'Honorius, elle était, avec l'église Saint-Pierre, une des plus grandes basiliques de Rome.

FIG. 19. — BASILIQUE DE SAINT-PAUL-HORS-LES-MURS, A ROME.

(Vue perspective de l'altarium.)

(D'après *la Messe* de Rohault de Fleury.

Elle possédait un vaste transsept, appartenant à la disposition théodosienne[1].

Le plan de la basilique de Saint-Paul-hors-les-Murs donne le transsept de l'église chrétienne bien marqué. La nef principale et les quatre nefs latérales sont séparées du transsept par un mur, percé d'un arc triomphal et de quatre arcs secondaires. L'autel majeur

FIG. 20. — BASILIQUE DE SAINT-PAUL-HORS-LES-MURS, A ROME. (Coupe transversale.)

avec sa clôture, — l'*altarium* — sur la confession, séparait le chœur réservé aux prêtres, des fidèles placés dans la nef.

Les bras du transsept étaient occupés par les clercs et les personnes revêtues d'un caractère religieux.

Les proportions de la basilique de Saint-Paul-hors-les-Murs étaient colossales ; sa longueur était de 143 mètres, y compris l'abside qui avait 25 mètres de diamètre ; la nef et les bas côtés avaient 65 mètres de

1. Viollet-le-Duc, *Dictionnaire raisonné de l'architecture française*, etc.

largeur et les transsepts 72. La nef centrale, large de 25 mètres environ, était formée de deux rangées de vingt colonnes corinthiennes reliées par des arcades plein cintre sans archivoltes; au-dessus de ces arcades une grande frise était ornée de peintures à fresques, le

FIG. 21. — BASILIQUE DE SAINTE-MARIE-MAJEURE, A ROME.
(Coupe transversale.)

dessous des poutres des fermes était à 30 mètres au-dessus du sol. De somptueuses mosaïques décoraient l'abside, les parois du transsept et de l'arc triomphal.

La basilique de Sainte-Marie-Majeure, à Rome (plan, fig. 22), fut élevée au commencement du ve siècle par Sixte III sur l'emplacement d'un autre édifice de même genre, bâti par le pape Liberius et consacré en 353. Le pape Eugène III, vers le milieu du XIIe siècle, y ajouta un portique qui fut démoli en 1572 par Grégoire XIII et remplacé, sous Benoît XIV, en 1743, par le portique actuel, à huit colonnes, exécuté d'après les plans de Ferdinand Fuga. De ce portique on pénètre par cinq portes dans les trois nefs de la basilique

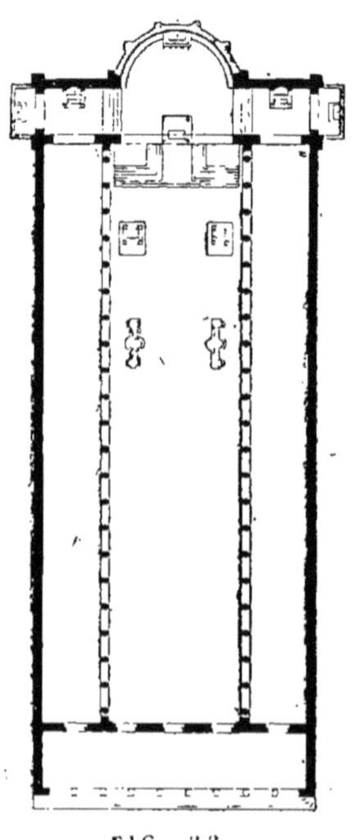

FIG. 22.
BASILIQUE DE SAINTE-MARIE-MAJEURE, A ROME. (Plan.)

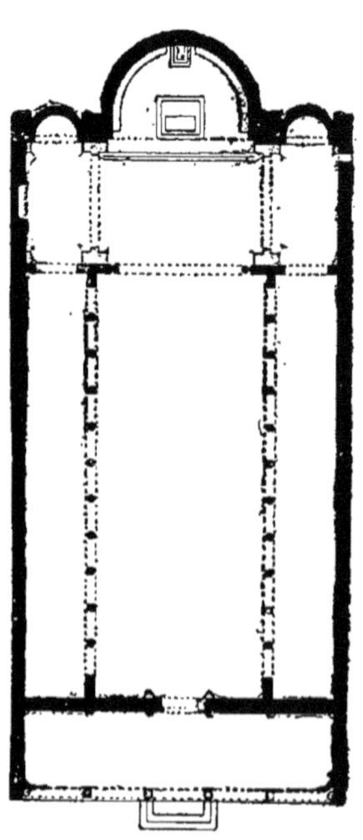

FIG. 23.
BASILIQUE DE SAINT-PIERRE-A-VINCOLI (ROME). (Plan.)

qui a près de cent mètres de longueur en y comprenant l'hémicycle et trente-deux mètres de largeur.

La nef est formée par deux rangées de colonnes d'ordre ionique, dont les fûts sont lisses; elles sont couronnées par un entablement horizontal dont la frise est décorée de rinceaux et la corniche enrichie de modillons[1] au-dessus et dans la hauteur des toitures des bas côtés une grande frise ornée, au-dessus de laquelle s'ouvrent les fenêtres à plein cintre éclairant la grande nef.

Le plafond de cette nef est du temps de Célestin III vers la fin du XIIe siècle; il est décoré de sculptures

FIG. 24. — BASILIQUE DE SAINTE-MARIE-MAJEURE, A ROME.
(Coupe longitudinale. — Détail.)

dorées exécutées à la fin du XVe siècle, sous le pontificat d'Alexandre VI, par Julien de Sangallo.

Santo-Pietro-in-Vinculis, fondé, en 425, par Eudoxie, femme de Valentinien III, est une basilique à *trois membres*, c'est-à-dire, suivant les auteurs anciens, que les trois galeries longitudinales, la nef principale et les deux bas côtés étaient considérés comme des églises

1. Daniel Ramée.

ayant chacune leur patron particulier; au milieu l'autel principal placé au centre de l'abside et les deux autres,

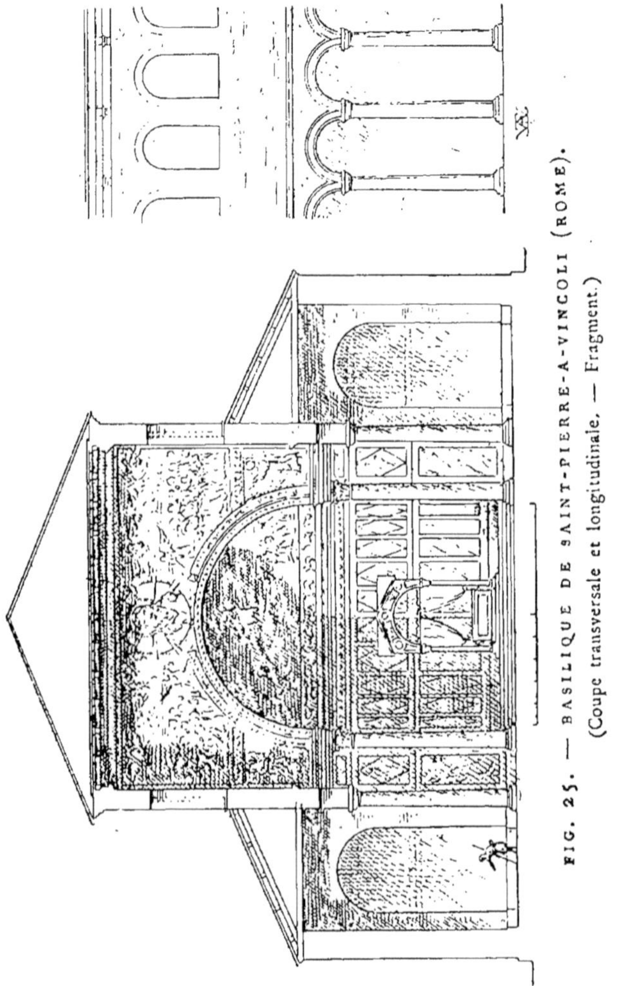

FIG. 25. — BASILIQUE DE SAINT-PIERRE-A-VINCOLI (ROME).
(Coupe transversale et longitudinale. — Fragment.)

moins importants, dans des absidioles ménagées à l'extrémité des bas côtés et s'ouvrant, toutes les trois, sur le transsept.

La basilique est précédée d'un portique à colonnes sur lequel s'ouvre la porte qui donne accès à la nef,

FIG. 26. — BAPTISTÈRE DE NOVARE (ITALIE).
(Coupe transversale.)

formée par deux rangées d'arcades retombant sur des colonnes rappelant le dorique romain.

Parmi les baptistères élevés en grand nombre au

ve siècle, celui de Novare est à citer parce qu'il rappelle les dispositions d'un édifice plus ancien destiné au même usage, élevé à Rome au IVe siècle par saint Sylvestre, près de Saint-Jean-de-Latran.

Suivant l'usage adopté par les premiers chrétiens, le baptistère était séparé de la basilique; celui de Novare se compose d'une enceinte de forme octogonale couverte par une voûte en arc de cloître surmontée d'une lanterne ajourée.

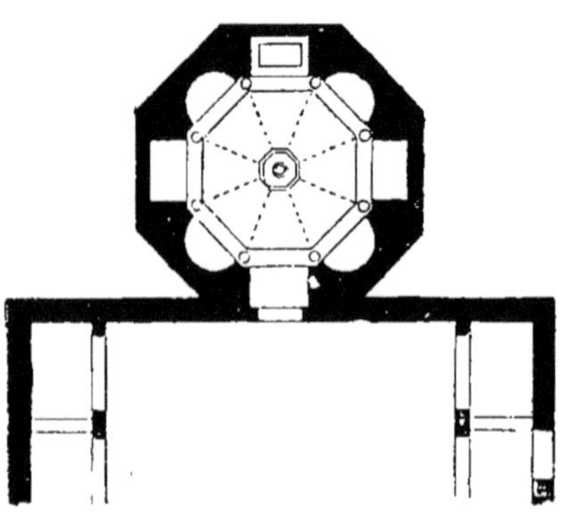

FIG. 27.
BAPTISTÈRE DE NOVARE. (Plan.)

Au milieu était la piscine dans laquelle on baptisait par immersion; le mur était évidé par quatre niches semi-circulaires et par quatre enfoncements rectangulaires; dans celui du fond était placé l'autel, dont l'usage était prescrit par les cérémonies liturgiques du baptême. L'édifice était éclairé par des fenêtres, percées, sur chaque pan de l'octogone, au-dessus de la toiture en appentis couvrant les niches formant la base de l'édifice.

CHAPITRE VIII

SYRIE CENTRALE. — BASILIQUE DE TAFKHA. — BAPTISTÈRE DE MOUDJELEIA. — ÉGLISES DE BEHIO ET DE BABOUDA.

L'architecture chrétienne qui avait pris à Rome, dès les premières années du IVe siècle, un essor si puissant, se répandait et se développait au même temps en Orient et particulièrement dans la Syrie centrale. L'influence romaine s'était d'ailleurs manifestée dans ce pays dès le IIe siècle et il fut pendant plusieurs siècles un foyer d'art dont le rayonnement s'étendit jusqu'en Europe[1].

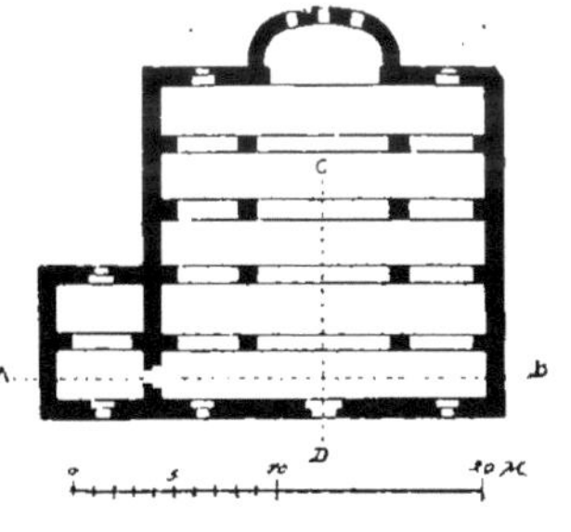

FIG. 28.
BASILIQUE DE TAFKHA (SYRIE CENTRALE).
(Plan.)

La basilique de Tafkha (Syrie centrale) est un édifice chrétien bâti du IVe au Ve siècle sur le modèle des basiliques antiques.

On saisit ici sur le fait la transition de la basilique civile romaine à l'église chrétienne[2].

Le système de construction est des plus simples : la nef était formée par des rangées d'arcs parallèles, un

1. Voir l'Introduction.
2. Melchior de Vogüé, *la Syrie centrale.*

grand arc pour le vaisseau central et deux plus petits, superposés, pour les bas côtés (fig. 29). Ceux-ci avaient deux étages ; le plancher de la galerie haute était en pierre, comme l'édifice tout entier, et il se composait de dalles portées sur des corbeaux engagés dans les murs transversaux.

Ces murs étaient espacés à environ trois mètres l'un

FIG. 29. — BASILIQUE DE TAFKHA (SYRIE CENTRALE).
(Coupe transversale sur A-B du plan.)

de l'autre et le plafond était fait par de larges dalles posées sur leur sommet, la portée des dalles du plafond étant diminuée par la saillie d'une corniche courant sur toute la largeur de la nef. Sur ces dalles, une aire en béton ou en ciment assurait, par des pentes, l'écoulement des eaux pluviales.

Les coupes transversale et longitudinale (fig. 29 et 30) montrent clairement ces curieuses dispositions en même temps que l'habileté des constructeurs qui, n'ayant que la pierre à leur disposition, ont su en tirer parti de la manière la plus pratique pour la construction proprement dite; ils ont même remplacé le bois, qui, sans doute, était rare dans la région, par la pierre, car la fenêtre, percée dans le mur du fond, à gauche de l'abside, est fermée par une dalle mobile faisant office

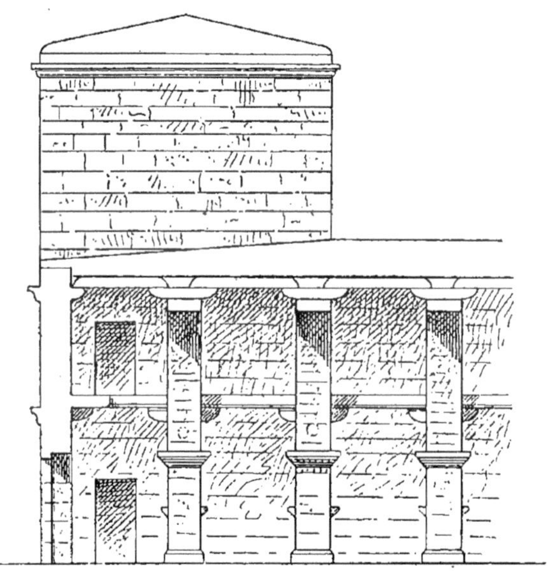

FIG. 30. — BASILIQUE DE TAFKHA (SYRIE CENTRALE).
(Coupe longitudinale sur C-D du plan.)

de volet; une des fenêtres de la tour a également conservé son volet de pierre.

Cette tour, à trois étages, est accolée au flanc gauche de la façade. Ce genre de construction est fréquent dans la Syrie centrale. Les grandes maisons antiques sont accompagnées de tours, et les monuments funèbres affectent cette forme[1].

1. Melchior de Vogüé, *la Syrie centrale.*

Le monument de Moudjeleia (Syrie centrale) présente tous les caractères d'un baptistère du ve siècle; il n'existe pas, d'ailleurs, dans toute la région, d'église de forme polygonale.

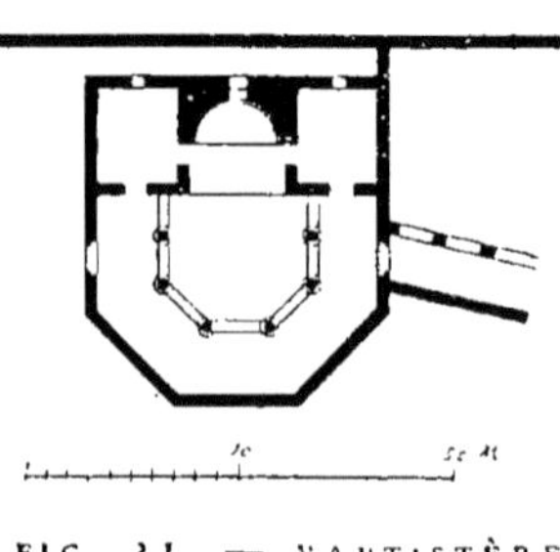

FIG. 31. — BAPTISTÈRE DE MOUDJELEIA (SYRIE CENTRALE). (Plan.)

Le centre de l'édifice était sans doute hypèthre; on ne voit, d'ailleurs, aucune trace des dispositions primitives de la couverture sur la partie centrale, tandis que la charpente des bas côtés a laissé des encastrements qui déterminent son ancienne disposition. Une toiture à simple pente recouvrait l'abside et ses annexes.

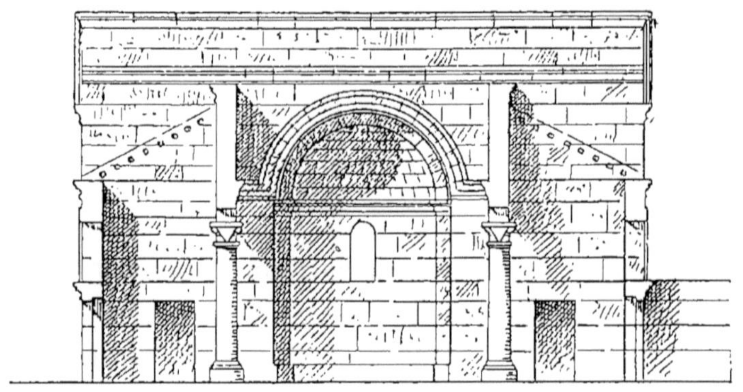

FIG. 32. — BAPTISTÈRE DE MOUDJELEIA (SYRIE CENTRALE). (Coupe transversale.)

Ce petit édifice est disposé selon les traditions chrétiennes suivies pour l'établissement des baptistères; l'absidiole ménagée en face de la partie octogonale devait recevoir un autel afin qu'on pût dire la messe et donner la communion aux néophytes.

La basilique de Behio (Syrie centrale), bâtie vers le

FIG. 33. — BAPTISTÈRE DE MOUDJELEIA (SYRIE CENTRALE). (Coupe longitudinale.)

commencement du VIe siècle, diffère des édifices élevés dans le même temps par la forme de l'abside, carrée au lieu d'être hémisphérique, et par la galerie ou portique s'étendant sur le flanc de l'édifice.

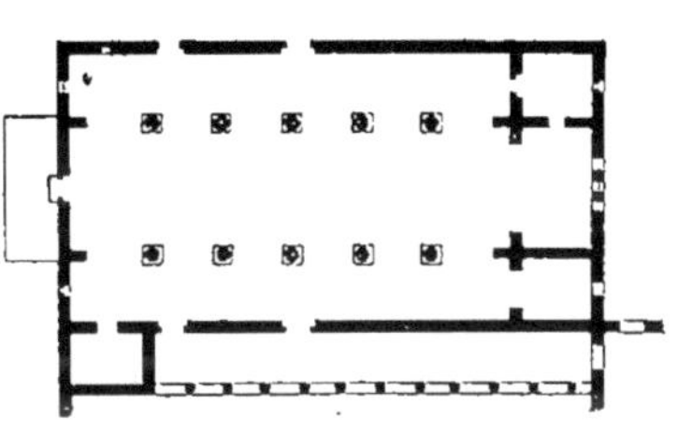

FIG. 34. — ÉGLISE DE BEHIO (SYRIE CENTRALE). (Plan.)

Le pignon au-dessus de l'arc de l'abside montre très nettement les dispositions de la toiture qui couvrait la basilique, et l'on voit avec quels soins les constructeurs ménageaient dans la maçonnerie la place que devaient occuper les diverses parties de la charpente apparente indiquées dans tous leurs détails par la figure 45

La petite église de Babouda (Syrie centrale) est un

FIG. 35. — ÉGLISE DE BEHIO (SYRIE CENTRALE).
(Coupe transversale.)

exemple, admirablement conservé, d'une église rurale

FIG. 36. — ÉGLISE DE BABOUDA (SYRIE CENTRALE). (Façade.)

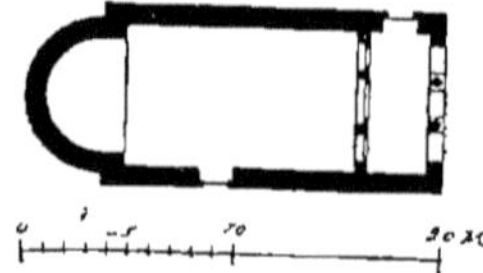

FIG. 37. — ÉGLISE DE BABOUDA (SYRIE CENTRALE). (Plan.)

élevée dans les premiers siècles de l'ère chrétienne — Ve siècle.

Elle se compose d'une seule nef, couverte en charpente apparente et à l'extrémité de laquelle a été établi l'hémicycle, ou plutôt l'abside voûtée en quart de sphère.

La nef est précédée d'un portique à trois arcades sur lequel s'ouvrent les trois portes donnant accès dans la salle; au-dessus du porche, une loge à jour éclairant la nef et une tribune à laquelle on devait accéder par un escalier intérieur

CHAPITRE IX

SYRIE CENTRALE. — BAPTISTÈRE DE SAINT-GEORGES D'EZRA, ÉGLISES DE BAQOUZA ET DE QALB-LOUZEH.

Le baptistère de Saint-Georges d'Ezra est un des monuments les plus précieux de la Syrie centrale. Dans la primitive Église, les baptistères étaient rares, car il n'y en avait qu'un par ville épiscopale, l'usage étant de réserver à l'évêque l'administration du sacrement du baptême.

Saint-Georges d'Ezra est parvenu jusqu'à nous sans autre modification que celle d'avoir été transformé en église, toujours consacré au culte catholique pour lequel il a été construit et qui se célèbre encore sous ses voûtes vénérables[1].

Le plan est très simple; il se compose de deux oc-

1. Melchior de Vogüé, *la Syrie centrale*.

togones concentriques inscrits dans un carré ; l'octogone central est couronné par une coupole. Sur le pan oriental s'ouvre l'abside précédée d'une étroite travée ; de chaque côté sont établis des réduits carrés, et dans chacun des angles du carré une niche ou exèdre dont la face forme un des pans coupés de l'octogone ; trois portes s'ouvrent sur la façade occidentale et une sur chacune des faces latérales.

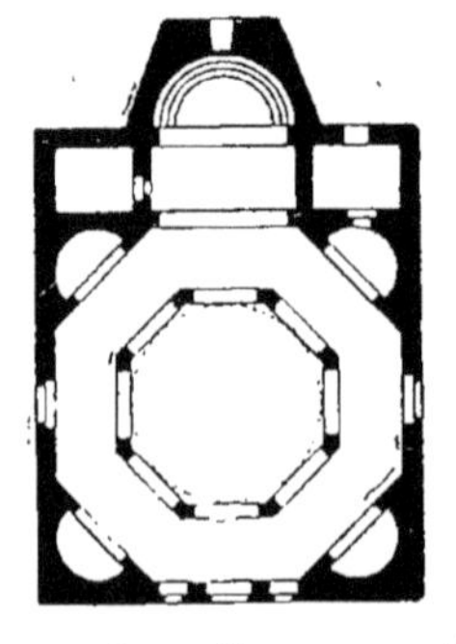

FIG. 38.
BAPTISTÈRE DE SAINT-GEORGES D'EZRA (SYRIE CENTRALE).
(Plan.)

La coupole, de dix mètres environ de diamètre, est soutenue par huit piliers de cinq mètres de hauteur ; les deux assises hautes de la rotonde octogone sont : la première à 16 côtés, la seconde à 32, de manière à passer graduellement de la forme polygonale au plan circulaire de la base de la coupole, de forme ovoïde, en élévation et rappelant les monuments de l'Asie centrale.

A l'exception de la coupole faite en blocage, toute la maçonnerie est en pierres appareillées, posées sans mortier.

A la base de la coupole s'ouvrent de petites fenêtres semi-circulaires, une dans chaque pan de l'octogone ; c'est le plus ancien exemple existant d'un système d'éclairage qui reçut à Sainte-Sophie, de Constantinople, son plein développement[1]. Le bas côté et le

1. Melchior de Vogüé, *la Syrie centrale.*

sanctuaire sont couverts en dalles posées sur les murs ou sur les arcs, et dont la portée est diminuée par une corniche courante (fig. 40).

Au fond de l'abside règnent trois rangs de gradins en hémicycle destinés aux sièges du clergé ; l'autel est placé dans la première travée du sanctuaire qui communique par une porte avec la sacristie réservée ; la

FIG. 39. — BAPTISTÈRE DE SAINT-GEORGES D'EZRA (SYRIE CENTRALE). (Coupe longitudinale.)

seconde sacristie est, au contraire, accessible au public par une porte s'ouvrant sur l'exèdre de l'angle sud-est.

Un rideau tendu entre les pilastres d'entrée du sanctuaire voilait les saints mystères, selon la liturgie orientale.

La porte principale se compose d'une baie rectangulaire surmontée d'un linteau déchargé par un arc;

sur le linteau décoré à ses deux extrémités de croix et de pampres se trouve une inscription grecque datée de la neuvième indiction en l'année 410, c'est-à-dire de la fin de 515 ou du commencement de 516, date de l'achèvement de l'édifice.

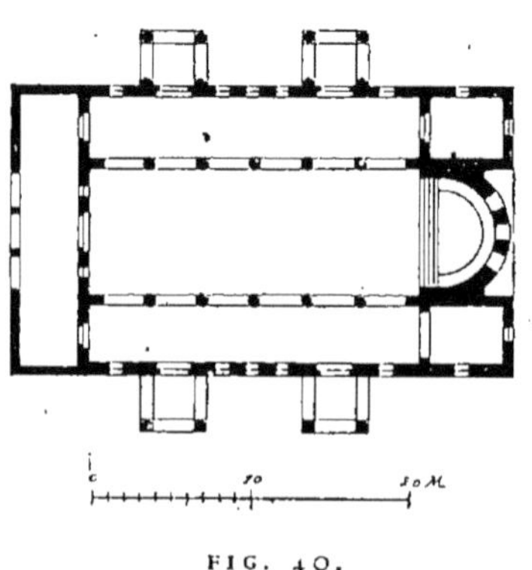

FIG. 40.
ÉGLISE DE SAQOUZA (SYRIE CENTRALE). (Plan)

L'église de Baqouza (Syrie centrale), élevée au commencement du VIe siècle, est un beau monument bien planté sur la pente d'une colline; un large soubassement rachète la déclivité du terrain et donne à l'église une assiette remarquable[1].

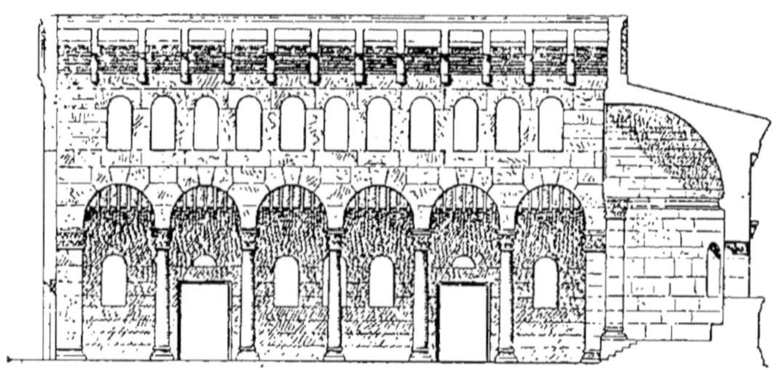

FIG. 41. — ÉGLISE DE BAQOUZA (SYRIE CENTRALE).
(Coupe longitudinale.

Le chevet, avec ses plans fermement accusés et

1. Melchior de Vogüé, *la Syrie centrale.*

son magnifique appareil, est d'un sentiment tout antique.

Les dessins (fig. 41 et 42) supposent l'édifice reconstitué avec la plus scrupuleuse exactitude d'après les débris existant tout entiers.

La nef est formée par deux rangées de colonnes, de

FIG. 42. — ÉGLISE DE BAQOUZA (SYRIE CENTRALE).
(Abside.)

proportions antiques, portant des arcs plein cintre, non extradossés et sans aucun ornement mouluré ; au-dessus des arcs, une rangée de fenêtres, dont les trumeaux sont faits d'une assise et dont la partie cintrée est évidée dans un monolithe, éclaire l'intérieur de la basilique. Une charpente apparente, comprise entre les deux pignons, couvre la nef ainsi que les bas côtés.

Devant les portes latérales sont disposés des porches

formés d'une petite voûte en pierre dont les sommiers sont supportés par des colonnes isolées et des corbeaux ou demi-colonnes engagés dans les murs de l'édifice. L'abside, voûtée en quart de sphère appareillée et couverte en pierre, s'ouvre dans le mur du fond à un niveau supérieur au sol de la nef.

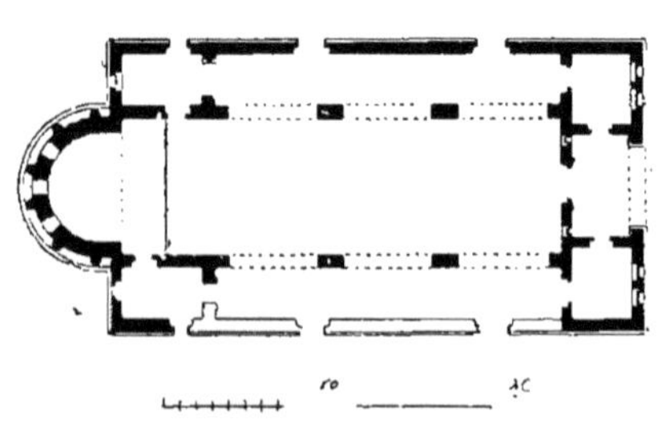

FIG. 43.
ÉGLISE DE QALB-LOUZEH (SYRIE CENTRALE). (Plan.)

La façade occidentale est précédée d'un portique qui n'a pas été indiqué dans la coupe (fig. 41), en raison de l'incertitude que l'état des ruines laisse sur son élévation.

L'église de Qalb-Louzeh (Syrie centrale), dans sa forme basilicale, est un monument d'une remarquable conservation; il ne manque que le mur extérieur du bas côté rond et une partie de la façade occidentale. (Il suffit de prolonger les lignes interrompues pour reconstruire, par la pensée, jusque dans ses plus petits détails le monument tel qu'il existait au VIe siècle de notre ère[1].)

L'église a environ 38 mètres de longueur sur 18 de largeur. Elle comprend un pronaos ou narthex flanqué de tours, puis une nef avec deux bas côtés.

La nef est formée de piliers massifs reliés par des arcs trapus; au-dessus, une rangée de petites fenêtres,

1. Melchior de Vogüé, *la Syrie centrale.*

alternant avec un ordre de colonnettes, décore l'étage supérieur. Chacun de ces couples de colonnettes formait corbeau portant chaque forme de la charpente apparente comprise entre les deux pignons extrêmes.

Les bas côtés sont couverts en dalles de pierre dont les points sont à recouvrement et dont le bord extérieur mouluré constitue la corniche du bas côté.

Le comble, indiqué dans la figure 45, a disparu; mais la place des colonnettes, la hauteur de l'encastrement qui les surmonte, déterminent la place et les dimensions des entraits, de même que l'inclinaison des pignons, les trous carrés destinés à recevoir les pannes rapprochées, portées sur les arbalétriers, permettent de retrouver tous les détails de ses dispositions.

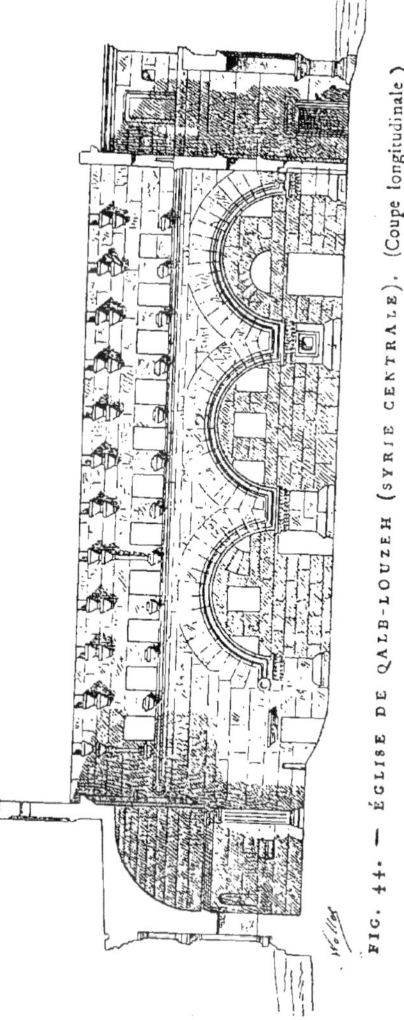

FIG. 44. — ÉGLISE DE QALB-LOUZEH (SYRIE CENTRALE). (Coupe longitudinale)

L'ornementation de la basilique de Qalb-Louzeh

est plus riche que dans les autres édifices du même

FIG. 45. — ÉGLISE DE QALB-LOUZEH (SYRIE CENTRALE).
(Vue perspective intérieure vers l'abside.)

genre et du même temps; elle affecte des formes qui tendent vers les pratiques byzantines.

Les éléments empruntés à la décoration antique sont mêlés à des croix et à des symboles chrétiens. On sait combien les représentations de la nature vivante sont rares dans la sculpture ecclésiastique des églises orientales. L'église de Qalb-Louzeh possède, à ce point de vue, un détail curieux. Sur le linteau de la première porte latérale se trouvent deux bustes d'hommes, au-dessus desquels sont gravés en caractères grecs : Michel, Gabriel. Ces deux bustes étaient donc la figure des deux archanges qui, placés au-dessus de l'entrée, semblaient veiller à la garde du sanctuaire.

Les portes latérales étaient précédées de porches, les uns en bois couverts d'un toit à double pente et les autres en pierre et formés d'une voûte en berceau.

CHAPITRE X

SYRIE CENTRALE. — ÉGLISE DE ROUEIHA ET DE TOURMANIN. — PALESTINE. — LE TEMPLE A JÉRUSALEM. — PORTE DOUBLE.

Le village de Roueiha (Syrie centrale), appartenant à la région de Djebel-Riha, bien que situé sur le versant oriental de la montagne et déjà dans la plaine, renferme un monument qui rappelle ceux de la région situés plus au nord.

L'église diffère essentiellement de celles qui précèdent. Les colonnes, nombreuses et serrées, à l'imitation de la basilique romaine, ont fait place à de larges et rares piliers, reliés par de grands arcs.

A chacun de ces piliers correspond un arc-doubleau

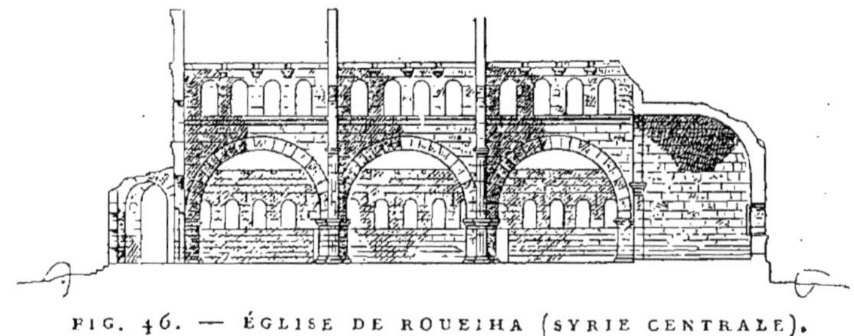

FIG. 46. — ÉGLISE DE ROUEIHA (SYRIE CENTRALE).
(Coupe longitudinale.)

porté par des pilastres cannelés et qui, coupant

FIG. 47. — ÉGLISE DE ROUEIHA (SYRIE CENTRALE).
(Coupe transversale. — Vers l'entrée.)

transversalement la nef, en modifient absolument la physionomie. Ces doubleaux, surmontés d'un pignon, divisent la nef en trois travées ainsi que le comble en charpente dont les formes apparentes étaient supportées par des consoles placées au-dessus de la rangée des petites fenêtres hautes.

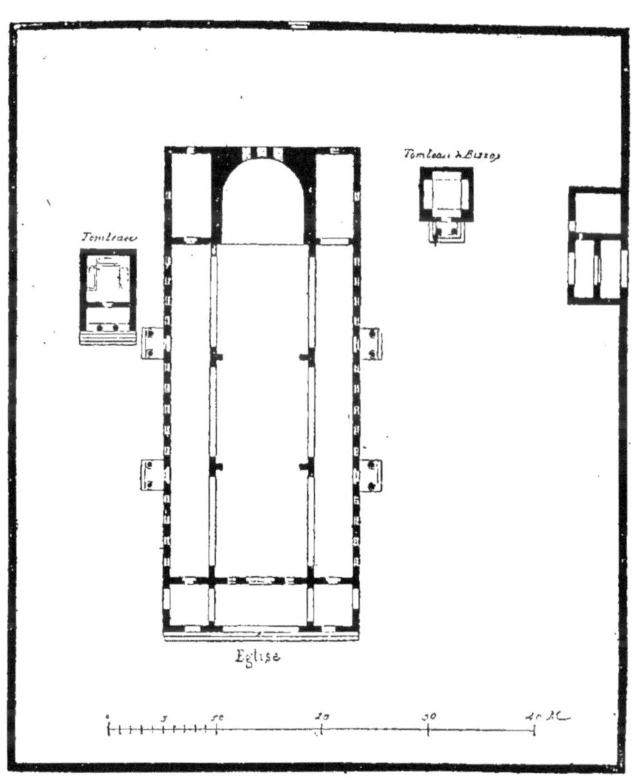

FIG. 48. — ÉGLISE DE ROUEIHA (SYRIE CENTRALE).
(Plan.)

L'église est entourée d'une enceinte rectangulaire formée par un mur en pierre. Une seule porte, placée à côté d'un petit bâtiment qui devait être le logement du gardien de la porte, donne accès dans cet enclos. Il paraît avoir été la propriété particulière d'une famille qui y avait sa sépulture; deux tombeaux fort bien conservés et très intéressants s'y voient encore; l'un d'eux porte l'épitaphe d'un certain Bizzos, fils de Pardos; le même nom se trouve gravé au-dessus de la porte principale de l'église, ce qui permet de penser que ce personnage, qui vivait au VIe siècle de notre ère, est le fondateur du monument.

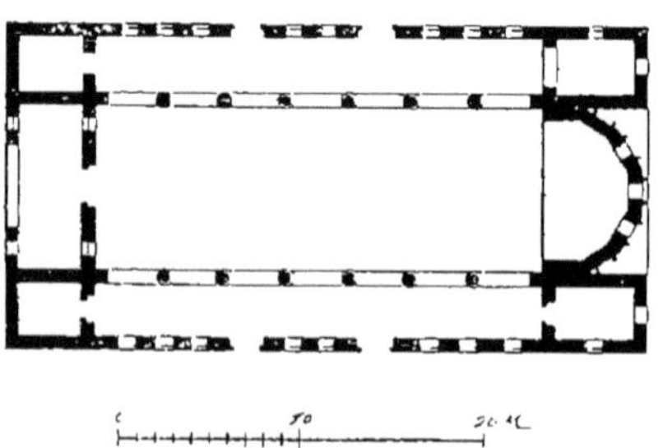

FIG. 49. — ÉGLISE DE TOURMANIN (SYRIE CENTRALE). (Plan.)

L'église de Tourmanin (Syrie centrale) tient à la fois de celles de Baqouza et de Qalb-Louzeh; la nef et le chœur appartiennent à la première de ces deux églises, le narthex à la seconde. Sa longueur totale est de 40 mètres et sa largeur de 15. L'intérieur de la nef ressemble à celui de Baqouza et un ordre de colonnettes, comme à Qalb-Louzeh, supportait les poutres de la charpente apparente.

Le monument est assis sur un soubassement qui lui donne une large base; la façade a un grand caractère et en même temps un agencement de lignes d'un effet pittoresque. Comme celle de Qalb-Louzeh, elle se compose d'une large arcade surmontée d'une terrasse et flanquée de deux tours carrées; mais ces tours sont plus dégagées et la terrasse est recouverte d'une loggia d'une disposition ingénieuse et élégante[1].

1. Melchior de Vogüé, *la Syrie centrale*.

On ne saurait rien imaginer de plus logique et de plus raisonné que cette composition où chaque élément a sa fonction nettement accusée, où l'équilibre résulte des conditions de stabilité des matériaux posés sans ciment et où la décoration n'est qu'une conséquence de la construction. L'effet produit est très saisissant.

FIG. 50. — ÉGLISE DE TOURMANIN (SYRIE CENTRALE).
(Coupe transversale.)

Le chevet a aussi un grand caractère; orné de deux ordres superposés, comme à Baqouza et à Qalb-Louzeh, il est remarquable par l'harmonie et la vigueur de ses lignes; l'abside est à pans coupés dont l'arête est ornée de colonnettes, elle forme un demi-dodécagone régulier. Les bases ont un profil qui accuse le VIe siècle et la sculpture des chapiteaux de l'abside, plate et comme découpée, paraît être du même temps.

De même qu'à Qalb-Louzeh, le narthex qui précède la porte principale est d'un grand effet et la large arcade qui lui donne accès, entre les deux tours, est d'un vigoureux caractère.

Cette disposition est fort originale et il est facile d'y reconnaître, en germe, la disposition des façades du moyen âge occidental.

C'est à l'abside surtout qu'apparaît, de la manière la plus évidente, ce lien de parenté qui unit les églises de la Syrie centrale à celles de l'Occident.

Extérieurement, cette abside est décorée, comme à Qalb-Louzeh, de deux ordres de colonnettes directement superposées; la donnée est encore antique, bien que l'application en soit absolument nouvelle. L'architecte, doué d'un grand sens pratique, a supprimé, les jugeant inutiles, la corniche, la frise et l'architrave qu'un constructeur romain n'eût pas manqué d'intercaler dans sa composition. Néanmoins la colonne est restée antique dans ses proportions et dans le rapport des deux ordres [1]; mais que le temps et la réflexion fassent litière de ces derniers scrupules, que ce chapiteau et cette base intermédiaires, inutiles, disparaissent ou soient remplacés par une bague, que la longue colonnette ainsi obtenue se rapproche de sa voisine, que les corbeaux de la corniche se serrent en se découpant, l'abside romane de France ou des bords du Rhin apparaît et sa filiation s'établit.

Le temple de Jérusalem, célèbre à plus d'un titre,

1. Melchior de Vogüé, *la Syrie centrale.*

FIG. 51. — ÉGLISE DE TOURMANIN (SYRIE CENTRALE). (Vue perspective de la façade.)

est ici particulièrement intéressant parce qu'il est un exemple, fort rare au VIe siècle, de coupoles en pierre, appareillées normalement.

A cette époque on construisit, dans la Syrie centrale

FIG. 52. — LE TEMPLE A JÉRUSALEM. (Porte double.)

aussi bien que dans la Palestine, des édifices à coupoles et nous donnons un spécimen curieux de ce genre de construction par le baptistère de Saint-Georges d'Ezra (fig. 39); mais ces monuments furent élevés à l'imitation des Perses, non seulement dans la forme générale, mais aussi dans les détails de la construction. Ce mode consistait à bâtir, en rudes maçonneries de briques ou de blocage liées ou recouvertes par d'excellents mortiers et par des procédés rudimentaires, des arcs et des coupoles, non sur des cintres en bois ou en briques habilement coupés ou bâtis suivant les épures d'un appareil savamment tracé, mais sur des formes en terre ou en sable grossièrement établies par des moyens empiriques.

Les coupoles de la porte double du temple de Jérusalem marquent un progrès très sensible et qu'il est utile de remarquer. Elles furent élevées à peu près au même temps que Sainte-Sophie suivant la méthode syrienne, laissant à la pierre apparente son aspect naturel dans son appareil de construction, sans adjonction de matériaux décoratifs.

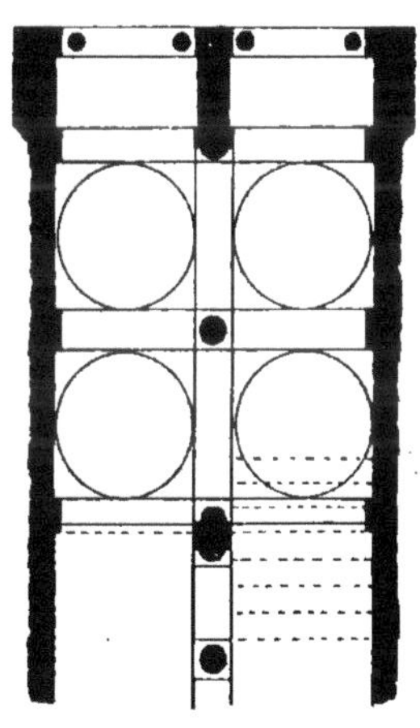

FIG. 53. — LE TEMPLE DE JÉRUSALEM (Porte double. — Plan.)

« A Jérusalem, la terrasse du Haram (la mosquée d'Omar) domine, au sud, un terrain désert; les anciennes portes (du Temple) se voient donc mieux de ce côté. Il y en a trois, que l'on nomme, d'après le nombre de leurs baies, la *Porte simple*, la *Porte triple* et la *Porte double*.

« Elles donnent bien une idée de ce qu'étaient, au temps de Jésus-Christ, ces portes du temple où Jésus et ses disciples se sont si souvent assis à l'ombre, pendant les heures chaudes du jour.

« La porte se compose de deux baies qui s'ouvrent dans un grand vestibule dont les voûtes s'appuient sur une grosse colonne centrale. De ce vestibule partent deux rampes parallèles, séparées par un rang de piliers, qui conduisent à la plate-forme supérieure[1]. »

La porte double a été reconstruite vers le VIe siècle. On a ravalé les murs anciens; quatre arcs-doubleaux ont été bandés sur la colonne centrale et on couvrit les quatre compartiments au moyen de quatre coupoles appareillées retombant sur quatre pendentifs sphériques.

CHAPITRE XI

ÉGLISE LATINE DE SAINT-FRONT, A PÉRIGUEUX. — BASILIQUE DE SAINTE-AGNÈS-HORS-LES-MURS ET BASILIQUE DE SAINT-CLÉMENT, A ROME. — MOSQUÉE DE CORDOUE.

La vénérable basilique de Saint-Front, à Périgueux, a remplacé une église latine à trois nefs, élevée vers le VIe siècle; on reconnaît cette disposition à l'intérieur de la basilique sur la muraille occidentale. On a retrouvé vers l'ouest la façade de l'église latine, le porche qui la précédait, ainsi que deux cryptes, ou confessions placées à droite et à gauche du chevet et qui flanquent aujourd'hui le bras occidental de la croix grecque (fig. 55).

« La première église de Saint-Front offrait trois nefs; sa façade, dont la partie centrale, couronnée par un pi-

1. Perrot et Chipiez, *Histoire de l'art dans l'antiquité.*

FIG. 54. — ÉGLISE LATINE ET CLOCHER DE SAINT-FRONT.
(Façade nord montrant 2 travées de la nef latine.)

gnon, s'élève au-dessus des ailes, en serait seule une preuve » (de Verneilh).

La façade, qui existe encore, cachée par des constructions modernes, est décorée d'un appareil réticulé, donnant, par ses dispositions, l'aspect grossièrement imité d'une mosaïque romaine, réminiscences antiques dont on trouve encore des traces dans les parements extérieurs de quelques églises d'Auvergne.

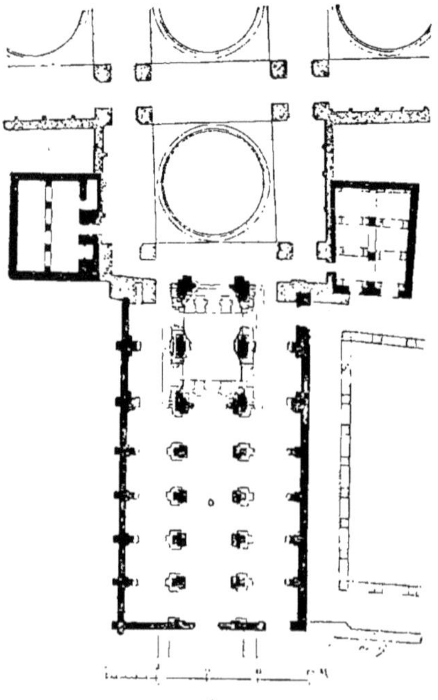

FIG. 55. — ÉGLISE LATINE DE SAINT-FRONT, A PÉRIGUEUX. (Plan.)

La nef principale de l'église latine était couverte par une charpente lambrissée; il n'existe, du reste, aucune trace de la voûte de la nef sur le parement intérieur de la façade dont nous venons de parler.

Les bas côtés étaient voûtés; chaque travée était couverte d'un berceau perpendiculaire à la nef, disposition curieuse à cette époque autant que rare, mais qu'on retrouve plus tard (notamment à Saint-Savin).

Suivant certains auteurs, le clocher serait contemporain de la grande basilique et, selon d'autres, sa construction serait antérieure au XIe siècle; mais ce qui paraît certain, c'est qu'il aurait été élevé par l'évêque Frotaire sur deux travées de l'église latine et au-dessus de la sépulture de Saint-Front.

Le porche antérieur, dont on voit les traces en avant de la façade occidentale, est peut-être un des plus anciens; une large arcade plein cintre en formait l'entrée. Il reste encore quelques fragments de sa décoration primitive qui attestent leur origine romaine.

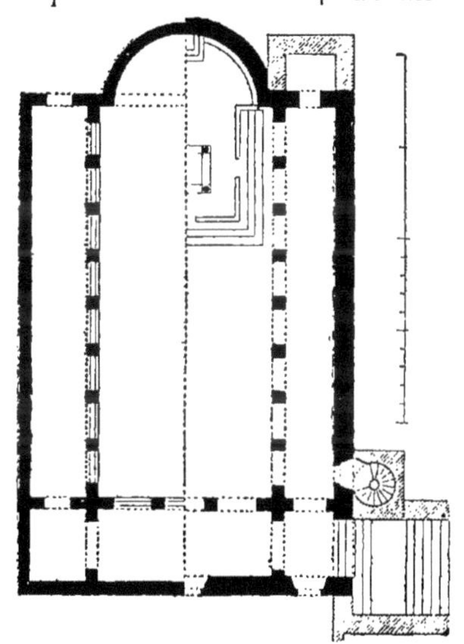

FIG. 56. — BASILIQUE DE SAINTE-AGNÈS-HORS-LES-MURS, A ROME. (Plan.)

Le dessin de la figure 54 est tiré du projet de restauration de l'église latine et montre deux des cinq travées de la nef. Ce dessin fait partie des belles et savantes études faites sur Saint-Front par feu Bruyerre, architecte de grand talent, mort en février 1887, avant d'avoir achevé la restauration du clocher, qu'il a préparée par des recherches archéologiques des plus intéressantes pour l'histoire de ce superbe monument.

La basilique de Sainte-Agnès-hors-les-Murs, bâtie dans les premières années du VIIe siècle, présente un caractère particulier par les détails de sa construction et par la disposition des bas côtés, qui sont pourvus de galeries superposées ouvrant sur la nef principale par deux étages d'arcades; la galerie haute formant tribune règne au-dessus du porche de la façade

FIG. 57. — BASILIQUE DE SAINTE-AGNÈS-HORS-LES-MURS.
(Vue perspective intérieure.)

et met en communication les deux côtés de la nef.

La basilique se compose d'un porche sur toute la largeur de l'édifice et sur lequel s'ouvrent les portes du vaisseau central et des bas côtés. La nef est formée par deux rangées de colonnes reliées par des arcades

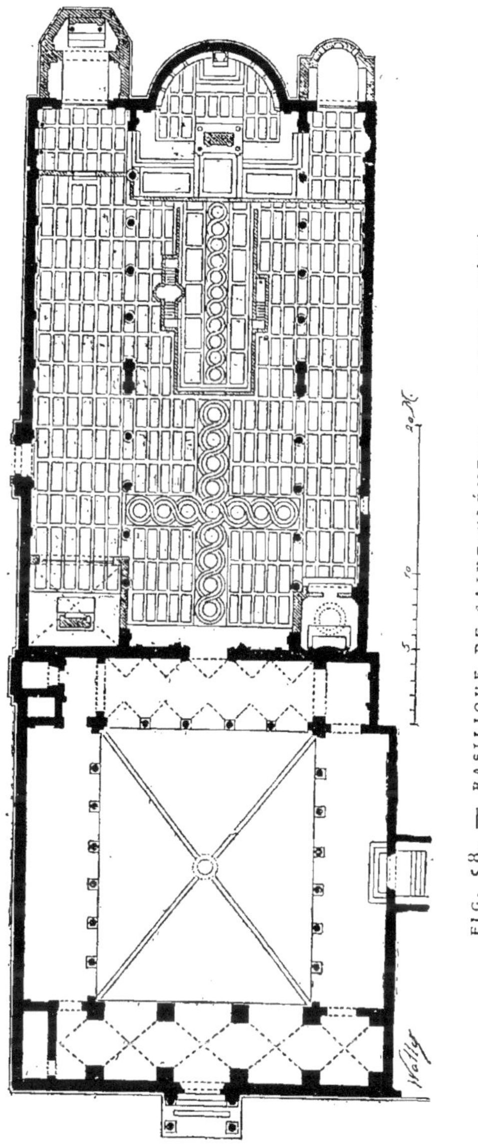

FIG. 58. — BASILIQUE DE SAINT-CLÉMENT, A ROME. (Plan.)

à deux étages et surmontées de fenêtres à plein cintre, la nef et les bas côtés étaient couverts par une charpente lambrissée ; on remarque au-dessus des chapiteaux un rudiment d'entablement qui n'est pas d'un heureux effet. Une partie des colonnes de cette basilique proviendrait, selon quelques auteurs, des temples antiques, dépouillés notamment par Constantin, qui aurait fait transporter à Byzance une grande quantité de statues, de colonnes et de marbres précieux enlevés aux édifices de Rome et des autres villes de l'empire.

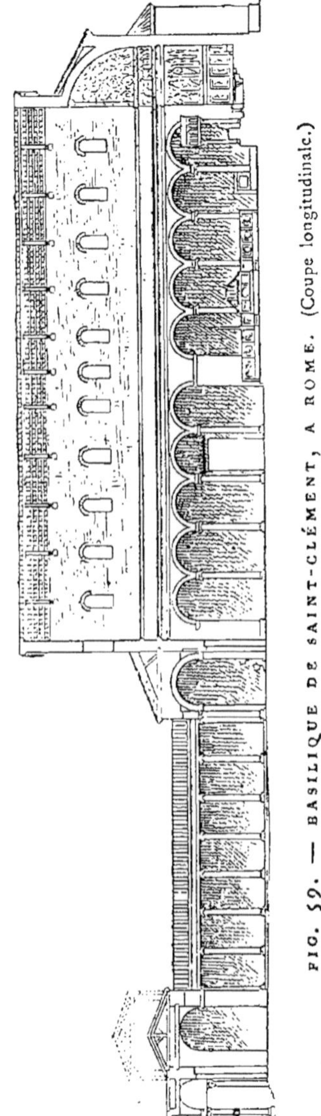
FIG. 59. — BASILIQUE DE SAINT-CLÉMENT, A ROME. (Coupe longitudinale.)

Élevée dans la première moitié du IXe siècle, la basilique chrétienne de Saint-Clément, à Rome, a conservé presque tout entières les formes traditionnelles des basiliques civiles des premiers siècles du christianisme.

Elle fut érigée, suivant les auteurs anciens, sur l'emplacement de la maison de saint Clément, l'un des successeurs immédiats de saint Pierre. Elle existait déjà au commencement du Ve siècle puisque, en 417, le pontife Zozyme y condamna l'hérétique Célestius, disciple de Pélage.

Le plan de la basilique est un parallélogramme divisé en trois nefs par deux lignes de colonnes d'ordre ionique, dont les fûts sont lisses, et reliées entre elles par des arcades ornées d'archivoltes ; au-dessus s'ouvrent les fenêtres éclairant l'édifice dont

FIG. 60. — BASILIQUE DE SAINT-CLÉMENT, A ROME.
(Vue perspective intérieure.)

la nef était couverte par une charpente apparente.

Au fond, à l'est, s'ouvre l'hémicycle ou abside couronnée d'une voûte en quart de sphère : un banc contourne l'abside et au milieu, derrière l'autel, s'élève le siège de l'évêque ou de l'officiant. En avant se trouve l'autel érigé sur une crypte — *martyrium* — contenant les reliques de saint Clément, patron de l'église, et de saint Ignace, évêque d'Antioche.

A l'extrémité des bas côtés deux absidioles avaient été ménagées — avant la construction des chapelles — et formaient avec l'autel majeur une basilique à trois membres (chapitre v, première partie).

En avant de la basilique s'étend, sur toute sa largeur, un portique sur lequel s'ouvre la porte; ce portique est précédé d'un *atrium* entouré de portiques au milieu duquel se trouvait un puits ou une fontaine.

La mosquée de Cordoue, commencée vers la fin du VIIIe siècle, a plus d'un point de comparaison avec les monuments élevés à Rome et en Syrie à peu près vers le même temps.

Pour bien se rendre compte du plan et des dispositions de la mosquée de Cordoue, il faut se rappeler que, lorsque l'Espagne, après la conquête arabe, commençait à jouir d'un gouvernement régulier et protecteur, on vit accourir dans cette ville, de Syrie et d'Égypte, les partisans nombreux et puissants de cette ancienne famille des Ommiades qui vinrent s'y établir. « Les rapports multipliés de l'Orient avec l'Occident donnent l'explication assez naturelle d'un goût d'architecture qui dut vraisemblablement s'introduire alors à

Cordoue et dont les parties de la grande mosquée d'Abdérame présentent un exemple extrêmement remarquable[1]. »

Ce monument, empruntant aux ruines romaines leurs marbres, leurs colonnes et quelques ornements,

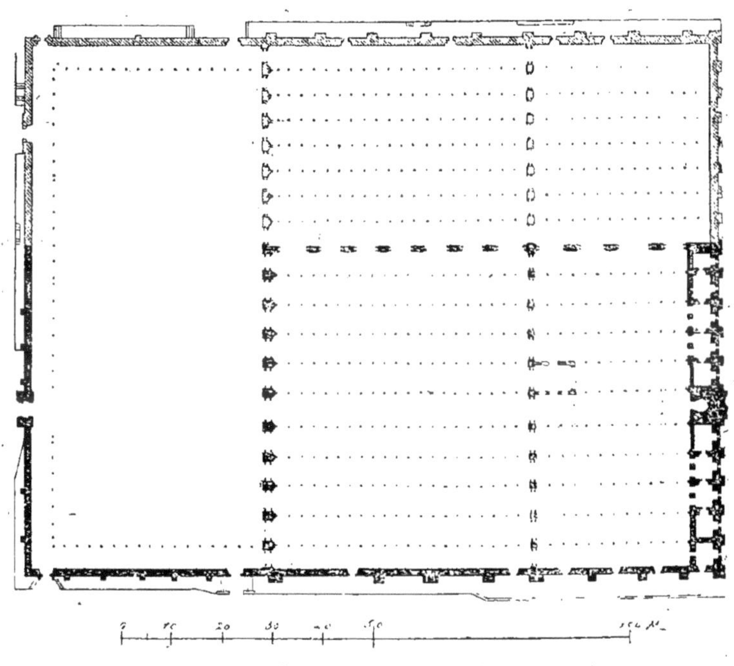

FIG. 61. — MOSQUÉE DE CORDOUE (ESPAGNE). (Plan.)

dut suivre les dispositions généralement adoptées déjà et qui devinrent le type de l'architecture des temples de l'Islam.

Le plan de la mosquée de Cordoue semble avoir été

1. Gailhabaud, *Monuments anciens et modernes.*

inspiré par les monuments chrétiens des premiers temps du moyen âge. On peut y retrouver le plan d'une basilique latine avec son atrium, son sanctuaire ou abside et sa nef principale à laquelle les constructeurs arabes auraient ajouté, à droite et à gauche, cette grande quantité de collatéraux parallèles, ou bas côtés, ce qui constitue la principale modification qu'ils ont apportée à ce genre d'édifice pour l'approprier à leurs besoins.

La mosquée primitive comprenait onze grandes nefs allant du nord au sud ; ces nefs aboutissaient sur la cour qui précédait le temple et en était une partie nécessaire. Trente-trois nefs plus petites, courant de l'est à l'ouest, coupaient les onze plus grandes à angle droit, formant ainsi un vaste quinconce de colonnes.

Son plan actuel a la forme d'un rectangle d'environ 162 mètres de longueur, du nord au sud, sur 123 mètres de l'est à l'ouest : au nord, une grande cour, entourée de portiques sur trois côtés adossés à de hautes murailles, précède les entrées de la mosquée. Celle-ci est divisée en 19 nefs parallèles, ayant environ 100 mètres de longueur, venant aboutir sur la cour de la mosquée et communiquant avec elle par de grandes portes dont quelques-unes existent encore.

La nef principale du nord au sud qui a 7 mètres de largeur, et les 18 autres nefs ou bas côtés, sont subdivisées par 35 galeries beaucoup plus étroites de l'est à l'ouest, coupant les nefs à angle droit. Cet immense quinconce couvre une surface bâtie de près de vingt mille mètres carrés.

La construction est fort simple et en même temps

très soignée; les galeries, larges en moyenne de 6 mètres, sauf la principale qui a 7 mètres, sont hautes de 9 mètres. Elles sont formées par des alignements de colonnes de 3 mètres de haut, reliées au-dessus des chapiteaux généralement d'ordre com-

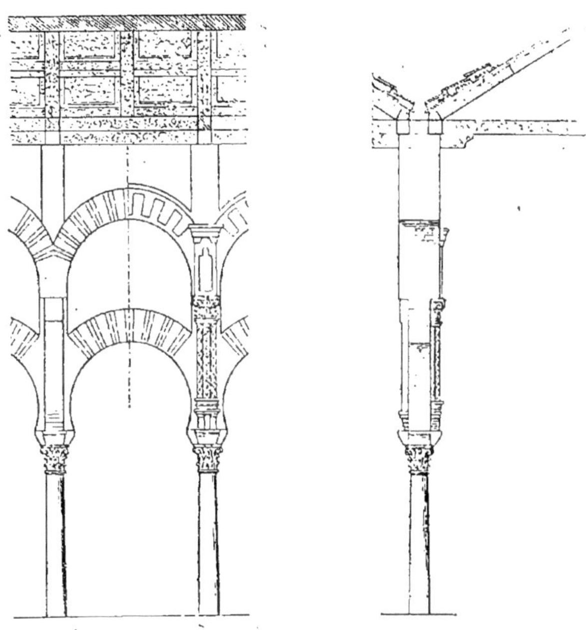

FIG. 62. — MOSQUÉE DE CORDOUE (ESPAGNE).
(Coupes longitudinale et transversale des nefs.)

posite et corinthien ou imités par les Arabes, par des arcs en fer à cheval, composés de claveaux alternés en pierre blanche et en briques rouges. Ces premiers arcs sont surhaussés par d'autres arcs bandés sur les piliers surmontant le sommier placé sur chaque colonne. Les constructeurs évitèrent ainsi les traverses en bois qui constituent très souvent la solidité des arcades arabes.

Ces deux étages d'arcs produisent par leur répétition, jointe à l'alternance de couleurs claires des claveaux, un très grand effet, malgré la simplicité des moyens employés par les architectes. Les charpentes sont apparentes et rappellent encore, par leurs formes, les dispositions de la toiture des basiliques latines.

La décoration est également fort simple, elle tire son effet principal des matériaux mêmes de la construction et particulièrement de la richesse extraordinaire des colonnes; celles-ci sont d'une variété étonnante, aussi bien par la matière même que par le travail qui les a ornées. La plupart de ces fûts sont antiques, enlevés à l'Espagne, à la Gaule et à l'Afrique romaine.

A gauche de la septième nef — en comptant par le bas ou la droite du plan, — se trouve une petite chapelle désignée par les auteurs sous le nom de *villa viciosa;* elle est couverte par un dôme étincelant de mosaïques. Derrière cette chapelle et au fond de la nef majeure, s'élève le *Kiblah*, à huit pans, couronné d'une coupole creusée dans un seul bloc de marbre.

Ces deux sanctuaires sont du xe siècle; mais leurs détails et leur ornementation sont les preuves certaines des influences romaines et orientales qui ont donné à l'ensemble de ce vaste édifice son principal caractère.

CHAPITRE XII

L'ART BYZANTIN.

Si la fondation d'un nouvel empire à Byzance, par Constantin, en 330 de l'ère chrétienne, est un des grands événements de l'histoire du monde, elle marque en même temps, dans l'histoire de l'architecture, la naissance d'un art nouveau ou, plus exactement, le départ d'une évolution de l'art antique, modifié par les influences orientales.

L'art byzantin n'est pas sorti spontanément du fait de la translation du siège de l'empire, de Rome à Byzance, car les traditions romaines se sont longtemps continuées et elles sont visibles encore au VIe siècle, dans les plans des édifices construits par Justinien aussi bien que dans les détails de la construction de ces monuments. D'ailleurs, Constantin s'était préoccupé d'imiter Rome et les édifices qu'il éleva en grand nombre dans sa nouvelle capitale sont romains.

Depuis la chute de l'empire latin, Byzance avait vaillamment résisté aux Barbares; aussi le Ve siècle qui vit toutes ces luttes ne fut-il pas favorable au développement des arts dans le nouvel empire d'Orient.

« La période qui s'étend de Constantin à Justinien fut, pour l'art byzantin, un âge de formation[1]. »

Mais, dès le commencement du VIe siècle, l'art byzantin se dégage des traditions latines ; il marque l'essor d'un développement original qui s'est manifesté par une architecture hardie, laquelle témoigne de la grande science et de l'habileté des architectes byzantins.

Le caractère dominant de l'architecture byzantine réside dans l'emploi de la coupole comme partie architectonique, avec toutes les conséquences résultant de ce mode de construction.

La coupole n'était pas une forme nouvelle. Les Romains la connaissaient de longue date puisqu'ils avaient sous les yeux, à Rome, le temple rond du Panthéon et le Caldarium des Thermes d'Antonin Caracalla, modèles achevés d'architecture, aussi admirables par les savantes combinaisons de leur structure que par la magnificence de leur décoration. Les anciens Romains ou les nouveaux Byzantins connaissaient également, par leurs relations suivies avec les peuples de l'Orient et de la Perse, alors dans tout l'éclat de leur prospérité et de leur civilisation, la coupole asiatique sur pendentif; mais on ne l'avait appliquée jusque-là qu'à des édifices de petites dimensions comme des chapelles ou des baptistères.

Cependant des essais avaient été faits sur de plus grandes dimensions et la coupole de Saint-Georges à Ezra, dans la Syrie centrale, est un des exemples les plus intéressants de ce genre de construction. La coupole d'Ezra, bâtie dans les premières années du VIe siècle, a

1. Ch. Bayet, *l'Art byzantin*. (BIBLIOTHÈQUE DE L'ENSEIGNEMENT DES BEAUX-ARTS. — Maison Quantin.)

environ dix mètres de diamètre; il faut noter que le plan de Saint-Georges d'Ezra étant octogone, il était plus facile de passer de l'octogone à la coupole circulaire que d'élever celle-ci sur un plan carré, racheté par des pendentifs. Toutefois, l'exemple n'en est pas moins des plus instructifs.

Mais, lorsque la coupole devint le principe même de la construction, les difficultés s'accrurent en raison de la dimension agrandie des édifices. L'une de ces difficultés fut de concilier la nouvelle architecture avec les formes rectangulaires nécessitées par les services du culte chrétien. On commença par supprimer les colonnades de la basilique latine ou des anciens édifices à coupoles de l'antiquité païenne et chrétienne ; on les remplaça par de puissants piliers au-dessus desquels on banda de grands arcs dont les vastes ouvertures sont les quatre côtés d'une croix dont la coupole est le centre. Dans ces grands arcs formant l'ossature de l'édifice, comme dans les thermes romains, les colonnes ne sont plus que des subdivisions; elles ne servent plus qu'à soutenir les arcades des tribunes ou à séparer les galeries secondaires.

La coupole repose ainsi directement sur le sommet des quatre arcs élevés sur plan carré, reliés par des pendentifs sphériques appareillés normalement à la courbe, rachetant le carré — c'est-à-dire passant du plan carré de la naissance des arcs au plan circulaire couronnant leurs clefs — et reportant les charges de la coupole hémisphérique sur les quatre piliers.

Afin de contrebuter ces grands arcs sur lesquels agissent d'énergiques poussées verticales, on appuya contre eux des voûtes en quart de sphère ou en berceau, et la coupole centrale se trouva ainsi soutenue et maintenue de tous côtés. Elle devient le centre autour duquel sont disposés les demi-coupoles et les berceaux nécessaires pour assurer la stabilité de l'ouvrage; en même temps cette disposition donne à l'édifice de grands espaces qui sont utilisés pour la célébration des offices prescrits par la liturgie chrétienne.

Au point de vue technique, ce nouveau mode de bâtir fit une grande impression sur l'esprit des architectes; il excita leur émulation, il provoqua leurs études sur cette nouvelle forme dont ils pouvaient tirer un si grand parti et surtout sur les règles architectoniques qu'il fallait suivre dans ses applications.

« Dès lors, les basiliques de type latin devinrent l'exception en Orient. La coupole fut comme le thème autour duquel on exécuta des variations nombreuses[1]. »

Sous Justinien on éleva à Constantinople, mais sur des plans différents, un grand nombre d'églises à coupoles présentant de grandes variétés dans leurs dispositions, notamment un édifice célèbre à cette époque : l'église des Saints-Apôtres, décrite par Procope[2].

L'historien grec, si utile à consulter pour ceux qui cherchent la vérité des faits plutôt que l'expression plus ou moins exacte d'une opinion personnelle, nous donne des détails d'un haut intérêt qui prouvent

1. Ch. Bayet, *l'Art byzantin*
2. Jules Quicherat, *Procope. De ædificiis Justiniani*

l'origine orientale de deux célèbres monuments élevés en Occident, reproduisant au XIe siècle les dispositions d'un édifice bâti à Constantinople au temps de Justinien[1].

CHAPITRE XIII

ÉGLISE DES SS. SERGE ET BACCHUS, A CONSTANTINOPLE. — ÉGLISE DE SAINT-VITAL, A RAVENNE.

L'église des SS. Serge et Bacchus fut élevée à Constantinople dans les premières années du VIe siècle, sous le règne de Justinien.

Elle est, parmi les rotondes byzantines bâties en Orient, une des plus remarquables.

« La coupole octogonale est flanquée de quatre niches dont les axes sont à 45 degrés sur ceux de l'édifice. Les renflements ainsi produits font la transition entre l'octogone central et le carré de l'enceinte extérieure; des niches placées aux coins de celle-ci achèvent de compléter cette disposition[2]. »

La coupole, d'un type fort original, présente, au-dessus des huit pendentifs, seize arêtes saillantes, séparant les uns des autres des fuseaux concaves et formant des pénétrations dans lesquelles de petites fenêtres

1. IIe partie, chapitres XI et XII. (Saint-Marc à Venise et Saint-Front à Périgueux.)
2. De Dartein.

alternées éclairent et décorent la base de la coupole.

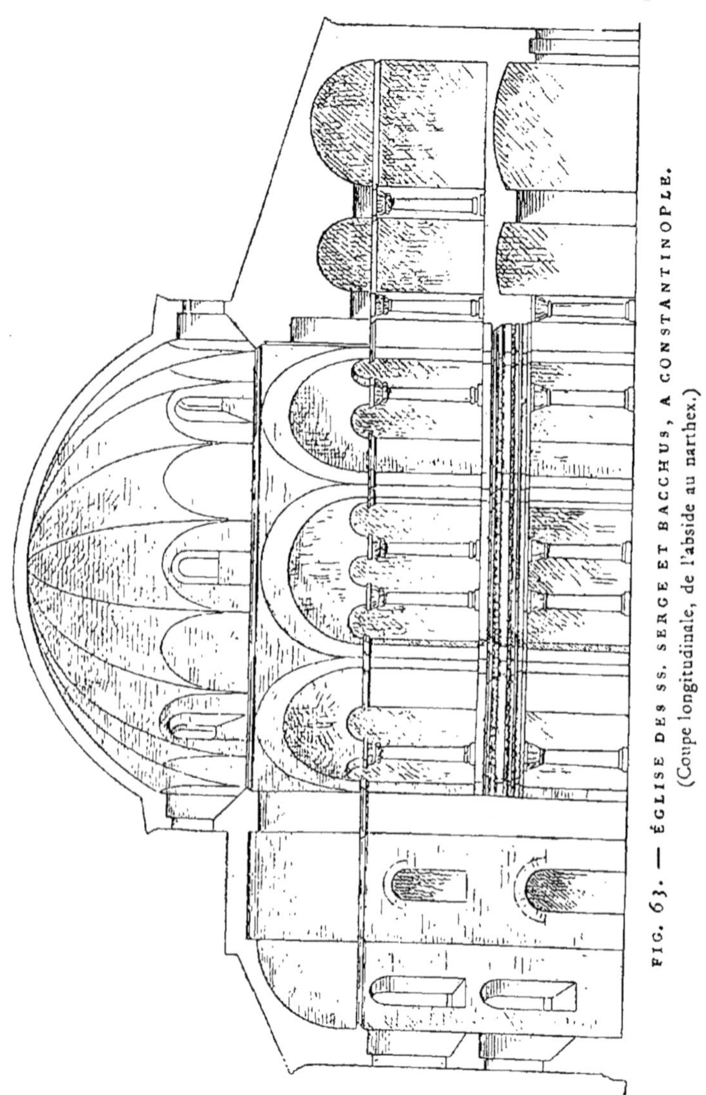

FIG. 63. — ÉGLISE DES SS. SERGE ET BACCHUS, A CONSTANTINOPLE.
(Coupe longitudinale, de l'abside au narthex.)

Malgré la forme carrée de son mur d'enceinte, l'église

des SS. Serge et Bacchus peut être considérée comme une rotonde parce que toutes ses parties sont groupées symétriquement autour d'une coupole à base octogonale.

Le problème d'appliquer cette rotonde aux besoins d'une église chrétienne a été habilement résolu ; les niches n'existant que sur les côtés diagonaux de l'octogone intérieur, l'espace central se rapproche du carré et prend une plus grande surface, augmentée par les galeries entourant l'octogone central. C'est un compromis entre le rectangle des églises latines et la rotonde.

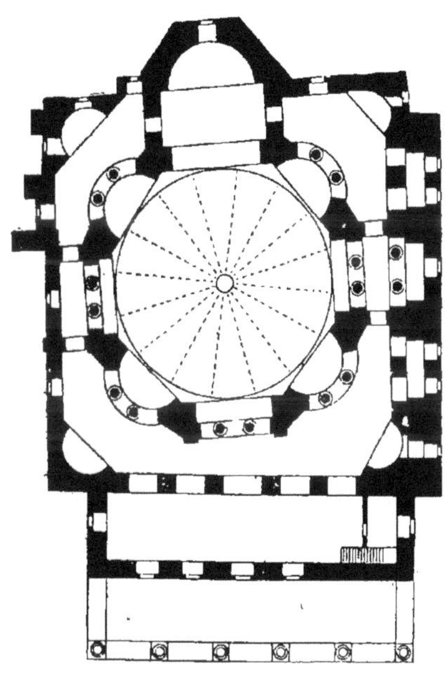

FIG. 64.
ÉGLISE DES SS. SERGE ET BACCHUS, A CONSTANTINOPLE. (Plan)

L'élévation des travées rappelle encore les dispositions romaines; les colonnes de l'ordre inférieur, formant comme le soubassement de l'ordonnance générale, sont relevées par un entablement; les arcades de l'étage supérieur forment les pans de l'octogone à l'angle desquels s'élève un pendentif, et elles sont subdivisées chacune par trois arcatures reposant sur des colonnes sans architrave.

L'église de Saint-Vital, à Ravenne, fut fondée en l'année 526 de notre ère, par saint Ecclesius, après un voyage qu'il fit à Constantinople avec le pape Jean Ier. Elle paraît avoir été élevée suivant le plan de l'église octogone construite à Antioche par Constantin. Les travaux commencés furent continués d'après les ordres de Justinien, dont les armées venaient de reconquérir une partie de l'Italie, et sous la direction d'un personnage du nom de Julien — *Julianus* — qui exerçait les fonctions de trésorier — *argentarius*.

L'édifice achevé, orné de superbes mosaïques, aurait été consacré vers 547 par Maximianus, archevêque de Ravenne — 546 à 556 — en présence de l'empereur d'Orient Justinien et de l'impératrice Théodora.

La disposition générale de l'église, les détails de sa décoration intérieure donnent à cet édifice un caractère particulièrement intéressant, car nous trouvons pour la première fois un monument franchement byzantin, construit en Occident au commencement du VIe siècle et portant les signes certains qui ont marqué les œuvres des architectes de cette époque.

Les analogies frappantes qui existent entre le plan de Saint-Vital et celui de l'église des SS. Serge et Bacchus, appelée par ses contemporains la petite Sainte-Sophie — et qui a précédé la grande, — ont fait supposer avec raison que le célèbre monument de Ravenne a été construit par des architectes de Constantinople.

Le plan de l'église de Saint-Vital est un octogone ayant 34 mètres de diamètre intérieur, cantonné à l'extérieur de plusieurs tours rondes et terminé à l'est par une grande abside.

L'église est orientée suivant la règle prescrite par le clergé dès le ve siècle. (*Orientation des basiliques chretiennes,* Ire partie, chap. v.)

La nef intérieure, de 15 mètres de diamètre, reproduit dans son plan la même forme que le périmètre extérieur; mais chaque pan est agrandi par un exèdre,

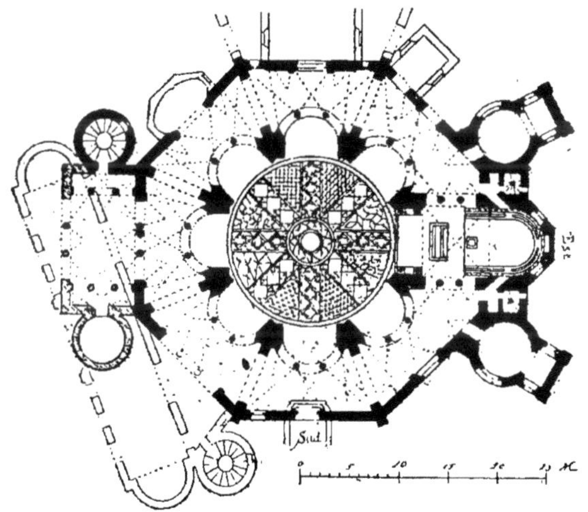

FIG. 65. — ÉGLISE DE SAINT-VITAL, A RAVENNE.
(Plan.)

formé par deux colonnes disposées symétriquement sur un arc de cercle communiquant par les entre-colonnements avec la galerie intermédiaire.

Les bas côtés, enveloppant la nef intérieure, sont à deux étages recouverts par des voûtes d'arête; ils établissent la circulation depuis la tribune à l'ouest jusqu'à la travée de l'octogone contenant le sanctuaire à l'est, sur lequel s'ouvrent deux tribunes dans la galerie haute. Le chœur et le sanctuaire sont accessibles, dans la galerie basse et latéralement, par des entre-colonnements qui établissent une communication facile avec

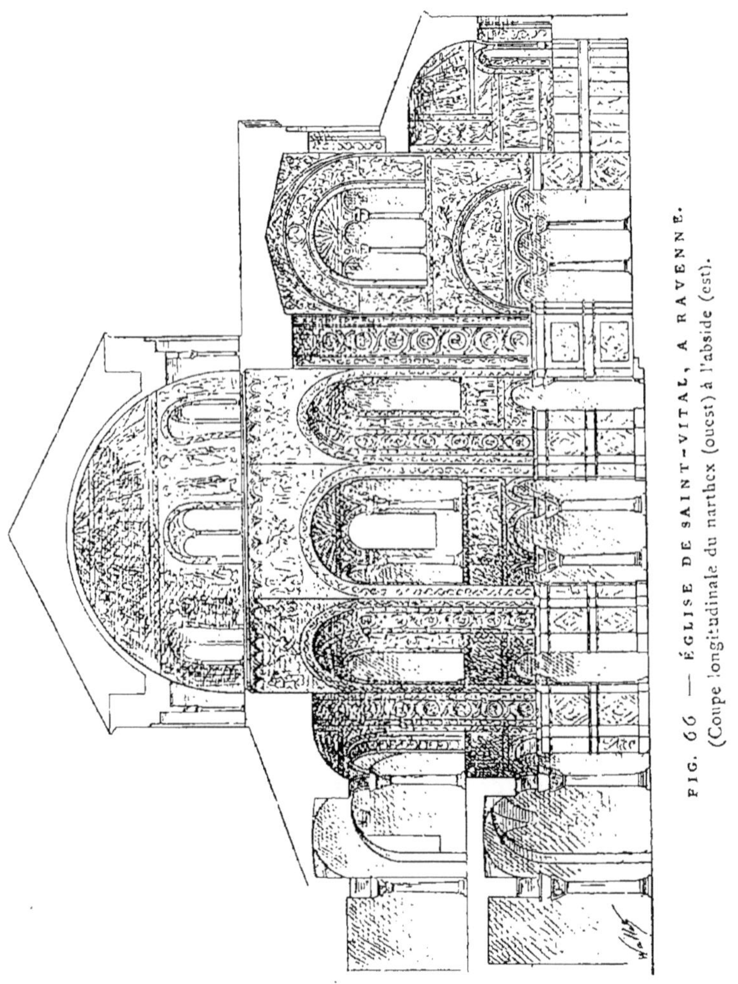

FIG. 66 — ÉGLISE DE SAINT-VITAL, A RAVENNE.
(Coupe longitudinale du narthex (ouest) à l'abside (est).

les sacristies placées dans les tours vers l'abside.

Ces tribunes étaient, suivant l'usage, réservées aux femmes.

Le porche moderne, qui précède l'édifice, a changé les dispositions anciennes. Le narthex à deux étages, ou porche primitif, n'occupait sur la surface ouest qu'un des côtés de l'octogone; deux tours s'élevaient à chaque extrémité de cet avant-corps; elles contenaient

FIG. 67. — ÉGLISE DE SAINT-VITAL, A RAVENNE.
(Détails d'une arcade de la galerie haute.)

des escaliers s'ouvrant dans le vestibule du temple et desservant les galeries hautes, éclairées par des fenêtres percées dans le mur extérieur.

L'extérieur de Saint-Vital n'offre plus grand intérêt parce qu'il a été dénaturé par de nombreuses réparations et par l'adjonction du porche moderne placé maladroitement en biais.

A l'intérieur, le principe des églises à coupole est développé avec une puissance de moyens, aussi originaux par la composition et les détails de l'architecture que par la somptuosité de sa décoration appliquée.

Chacune des faces de l'octogone central, soutenu par huit piliers robustes qui portent sur leurs reins la grande coupole, est percée d'une grande arcade. Ces arcades forment sur sept de leurs pans des niches qui viennent se fermer en quart de sphère derrière les grands arcs et qui sont ajourées par deux étages d'arcatures éclairant les galeries hautes et basses. Le huitième pan de l'octogone à l'est s'ouvre dans toute la hauteur de l'arcade afin de laisser voir l'abside et l'autel.

Au-dessus de ces grandes arcades s'élève la coupole hémisphérique, dont la base circulaire se lie à l'octogone par une série de petits pendentifs. — Cette disposition rappelle les moyens employés en 515 par les constructeurs du baptistère de Saint-Georges d'Ezra, dans la Syrie centrale (fig. 39). A la base de la coupole, huit grandes baies géminées, à la manière byzantine, éclairent la partie haute de la nef centrale.

Les détails de la construction attestent la continuité de l'influence romaine; la coupole est construite en poteries noyées dans un mortier très solide, à l'exemple du temple de *Minerva medica* et du cirque de Maxence. A Saint-Vital, la base de la coupole est bâtie en poteries ayant la forme des amphores antiques, emboîtées les unes dans les autres et posées verticalement; la calotte est faite de même, mais avec des amphores plus petites reliées par du mortier; ces poteries forment une spirale continue, d'une grande légèreté et d'une solidité à toute épreuve.

Les détails de l'architecture et de la sculpture sont également romains, mais interprétés avec une grande rudesse, appréciable surtout dans la sculpture des chapiteaux de forme orientale supportant les arcatures des grandes niches. Cette sculpture est grossière, et le rudiment d'entablement romain qui surmonte ces chapiteaux alourdit inutilement la retombée des arcatures.

FIG. 68. — ÉGLISE DE SAINT-VITAL, A RAVENNE.
(Vue perspective d'un des exèdres de la galerie basse.)

Mais ce qui distingue surtout l'église de Saint-Vital parmi les édifices byzantins, c'est la somptueuse décoration en mosaïque dont elle fut revêtue du temps de Justinien.

« C'est à Ravenne qu'il faut chercher les plus belles

mosaïques byzantines. Rien en ce genre n'égale la décoration de l'abside de Saint-Vital. D'un côté, Justinien entouré de dignitaires et de gardes; de l'autre, Théodora, suivie des femmes de sa cour, offrent des présents à l'église. L'impératrice franchit l'atrium, où se trouve la fontaine sacrée, tandis qu'un serviteur soulève devant elle les voiles suspendus à la porte du temple; son costume est splendide : une large broderie, qui représente l'adoration des mages, orne le bas de sa robe; des joyaux couvrent sa poitrine; de la chevelure pendent sur les épaules des torsades de perles, et un haut diadème couronne la tête ceinte du nimbe[1]. »

CHAPITRE XIV

ÉGLISE DE SAINTE-SOPHIE, A CONSTANTINOPLE.

Le premier temple de la *Sagesse-Divine de Sainte-Sophie* fut élevé à Constantinople, en 325, par Constantin. Constantius son fils l'agrandit en 338. Sous le règne d'Arcadius, en 404, un incendie consuma l'édifice, qui fut reconstruit par Théodose en 415 et détruit en 532 par un nouvel incendie.

Justinien, dans la cinquième année de son règne, commença la reconstruction de Sainte-Sophie en donnant au nouvel édifice des proportions beaucoup plus vastes et une magnificence infiniment plus grande. L'église fut réédifiée, sept années après, sur les plans d'An-

1. Ch. Bayet, *l'Art byzantin*.

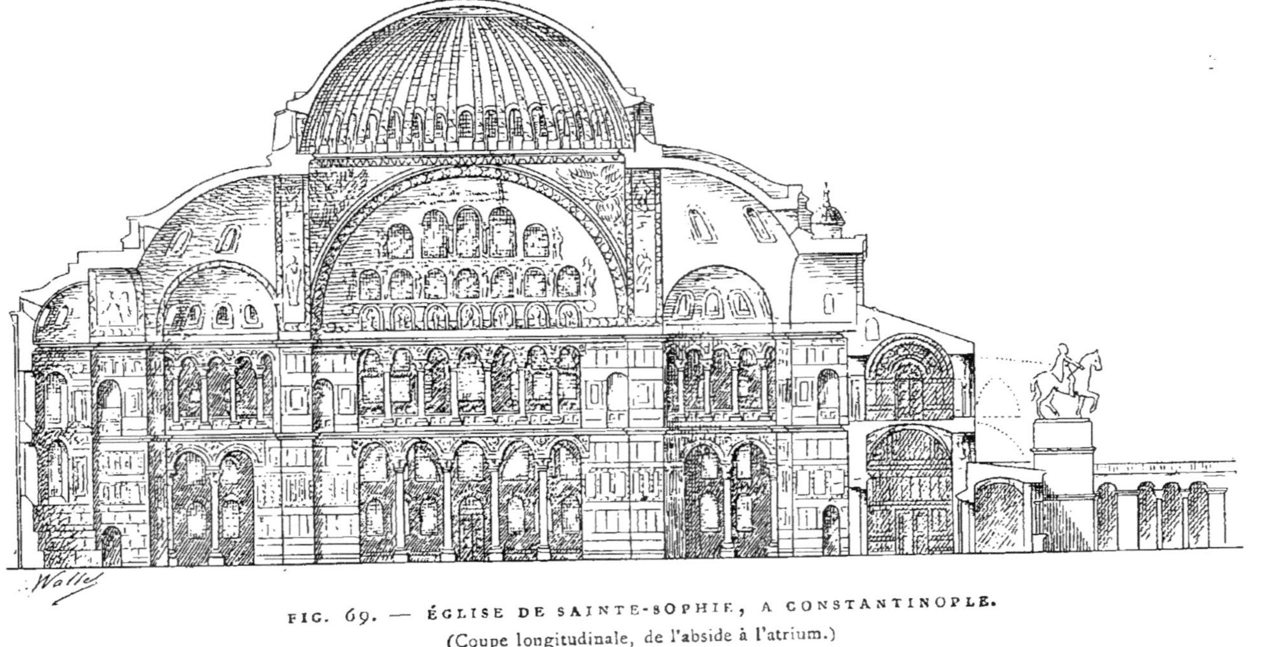

FIG. 69. — ÉGLISE DE SAINTE-SOPHIE, A CONSTANTINOPLE.
(Coupe longitudinale, de l'abside à l'atrium.)

thémius de Tralles, mort en 534 avant d'avoir achevé son œuvre, et d'Isidore de Milet, son collaborateur ou sûrement son successeur, tous deux originaires des provinces d'Asie, où l'architecture s'était développée avec le plus d'originalité du IVe au Ve siècle.

Au mois de décembre 538, on célébra l'achèvement de l'édifice. La moitié orientale de la grande coupole, ébranlée par plusieurs tremblements de terre — l'un en 553 qui dura quarante jours et l'autre en 557, qui détruisit une partie de la ville — s'écroula le 7 mai 558.

Justinien fit reconstruire la coupole et il chargea de ce travail le neveu d'Isidore qui augmenta l'élévation de la coupole afin de diminuer les poussées et donna en même temps plus de solidité aux grands arcs.

L'église fut enfin terminée, somptueusement décorée et inaugurée de nouveau le jour de Noël de l'année 568.

Les historiens signalent encore un écroulement partiel de la voûte en 987, accident qui fut promptement réparé.

Sainte-Sophie de Constantinople doit être considérée comme le type par excellence de l'art byzantin; elle présente le double avantage de marquer l'avènement d'un style nouveau et d'atteindre du même coup à des proportions telles qu'elles n'ont jamais été surpassées ni en Orient ni en Occident.

« Justinien voulut que la nouvelle église dépassât en splendeur tout ce qu'on racontait des anciens édifices les plus célèbres et, en particulier, du temple de Salomon[1]....

1. Ch. Bayet, *l'Art byzantin*.

« Vue de l'extérieur, Sainte-Sophie ne produit qu'une impression médiocre et la coupole même, si hardie qu'en soit la construction, paraît déprimée. C'est à l'intérieur de l'église qu'il faut pénétrer pour en bien comprendre l'originalité et les splendeurs. »

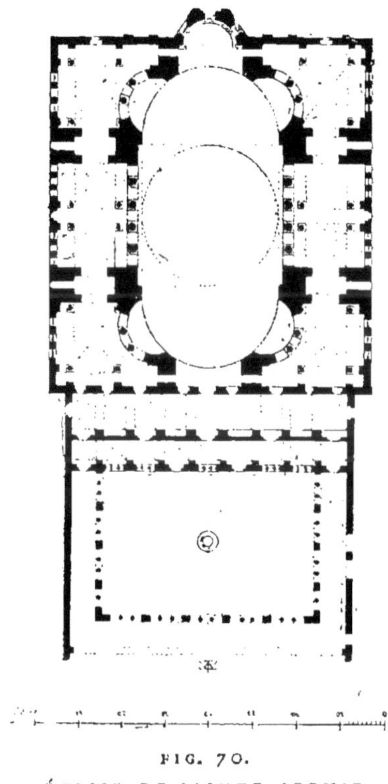

FIG. 70.
ÉGLISE DE SAINTE-SOPHIE
A CONSTANTINOPLE.
(Plan.)

Le plan de Sainte-Sophie semble procéder de celui de Saint-Serge agrandi, en rappelant surtout les vastes proportions des grandes salles voûtées des Thermes romains; ces deux influences sont visibles, car on voit l'intention bien marquée de combiner la forme allongée de la basilique — comme celle de Constantin (fig. 16 et 17) — avec le système concentrique des édifices à coupole — comme celle des SS. Serge et Bacchus (fig. 63 et 64). Les grands hémicycles transforment le carré central en un ovale et leurs niches secondaires font de cet ovale un rectangle. La nef est accompagnée de galeries étroites de bas côtés qui n'ont pas le caractère de leur fonction. Coupés par les gros piliers en compartiments inégaux et voûtés inégalement, ils ne sont plus que des services sacrifiés. Au-dessus s'étendent les galeries, ou gynécées, réservées aux femmes.

Cet immense ensemble, construit tout en pierres et en marbre, à l'exception des voûtes qui sont faites en matériaux plus légers — en tuiles blanches de Rhodes, — est très pittoresque, mais un peu confus, en raison des dimensions et des formes très variées; il s'étend sur une surface à peu près carrée, mesurant, pour l'église seule, 76 mètres de longueur sur 68 de largeur.

En avant du temple s'étend l'atrium, et du côté de l'église se trouve un double narthex qui communique avec elle par neuf portes.

L'édifice est couvert par des voûtes; une vaste coupole — 32 mètres de diamètre — portée sur des pendentifs sphériques reportant la charge sur les piliers, s'élève au centre.

La nef principale, de forme carrée, est allongée par deux hémicycles cantonnés par quatre grandes niches, et dont les voûtes en quart de sphère contrebutent la base de la coupole à l'est et à l'ouest; les deux autres côtés, au nord et au sud, sont maintenus par de puissants contreforts dans l'épaisseur desquels de larges ouvertures forment galerie que des colonnes achèvent de séparer de la grande nef. Les portes et l'abside occupent le fond des hémicycles.

Ce grand vaisseau est éclairé latéralement par un réseau de jours perçant les murs des grands arcs au nord et au midi et, dans la partie supérieure, par quarante fenêtres ménagées à la base de la coupole.

La construction de Sainte-Sophie est une merveille,

car nulle part on n'a appliqué avec plus de hardiesse et

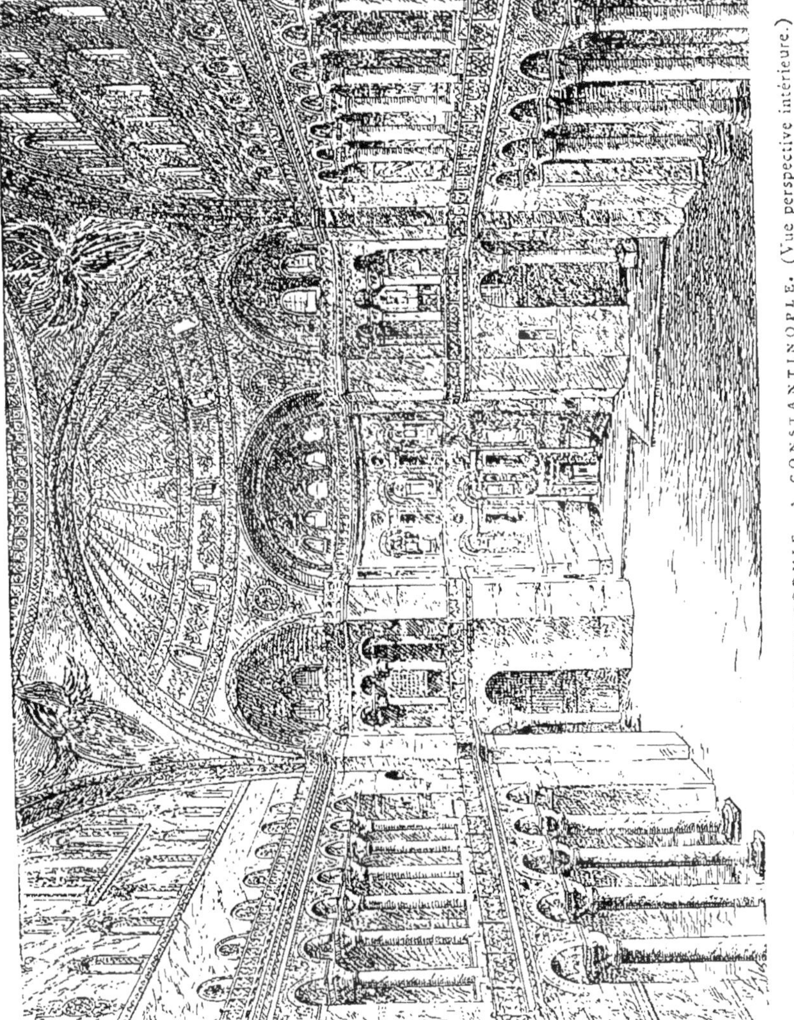

FIG. 71. — ÉGLISE DE SAINTE-SOPHIE, A CONSTANTINOPLE. (Vue perspective intérieure.)

de franchise les principes de construction d'une architecture rationnelle.

Sainte-Sophie est le chef-d'œuvre de l'art byzantin; elle est restée un modèle pour tout l'Orient. On s'est efforcé de l'imiter, tout en le simplifiant, non seulement en Orient, mais encore dans toute l'Europe occidentale, en Italie, en Allemagne et surtout en France où l'art antique et l'art byzantin semèrent les germes d'une architecture qui devait avoir un si grand éclat quelques siècles plus tard.

CHAPITRE XV

ÉGLISE DE THÉOTOCOS, A CONSTANTINOPLE. — ÉGLISE DE SANTA-FOSCA, A TORCELLO (ITALIE). — ÉGLISE DE SAINT-NICODÈME, A ATHÈNES. — ÉGLISE DU MONASTÈRE DE DAPHNI, PRÈS D'ATHÈNES.

L'église de la *Mère-de-Dieu* — *Agia Theotocos* — édifice byzantin bâti à Constantinople dans les dernières années du IXe siècle, rappelle des dispositions presque identiques à celles du prétoire de Mousmieh, bâti par les Romains, dans la Syrie centrale, vers le IIe siècle de notre ère (fig. 6 et 7). Suivant l'usage adopté par les chrétiens grecs, le plan figure une croix grecque composée d'une nef carrée, formant la croisée des quatre bras au-dessus desquels s'élève la coupole principale. La nef centrale est cantonnée de quatre bras : celui de l'est, prolongé pour continuer le chœur et se terminant par une abside majeure accompagnée latéralement de deux galeries terminées chacune par une absidiole;

celui de l'ouest, augmenté ou, plus exactement, précédé d'un narthex plus ou moins important, communiquant avec les galeries latérales. La croisée de celle-ci, près du chœur et du narthex, est souvent couronnée par une petite coupole

Cette disposition — s'accusant par une coupole centrale flanquée de quatre coupoles plus petites aux angles du carré, au-dessus duquel elle s'élève—est très fréquente dans l'architecture byzantine. On sent encore l'influence de Sainte-Sophie que les architectes byzantins ont imitée, tout en simplifiant la construction dans son ensemble et dans ses détails pour des raisons majeures, parmi lesquelles il est permis de supposer que la question des dépenses devait avoir une importance réelle.

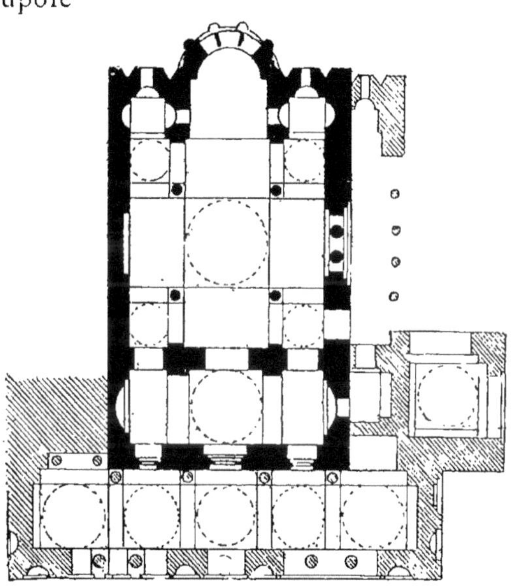

FIG. 72. — ÉGLISE DE THÉOTOCOS, A CONSTANTINOPLE. (Plan.)

On remarque également des modifications apportées par les constructeurs, ayant pour objet d'augmenter la solidité des arcs formant le carré et de diminuer sinon l'importance de la coupole, tout au moins, et peut-être surtout, d'en assurer parfaitement la stabilité.

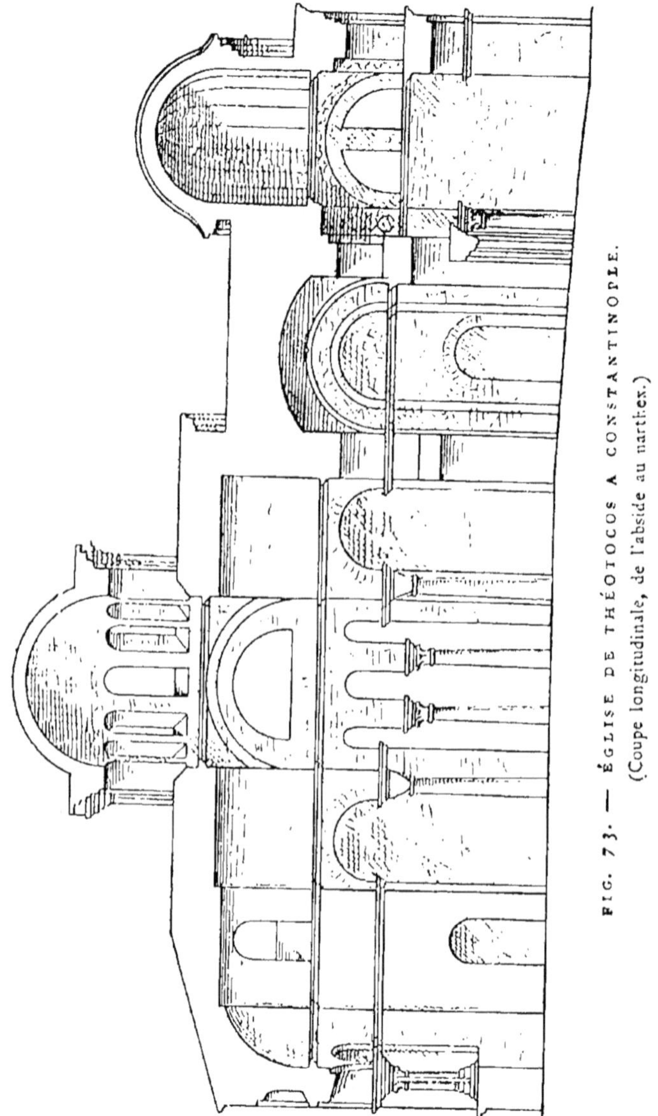

FIG. 73. — ÉGLISE DE THÉOTOCOS A CONSTANTINOPLE.
(Coupe longitudinale, de l'abside au narthex.)

On voit aussi que la coupole s'élève davantage au-dessus des grands arcs et les fenêtres disposées à la base de cette coupole — qui semble annoncer déjà les tours-lanternes romanes — prennent une plus grande importance en décorant et en éclairant même la partie centrale de l'édifice.

La coupole de l'église de Théotocos présente ces caractères particulièrement intéressants. Elle repose sur des pendentifs très accusés, rachetant le carré, au-dessus desquels une couronne de fenêtres sur plan circulaire est fermée par une calotte hémisphérique.

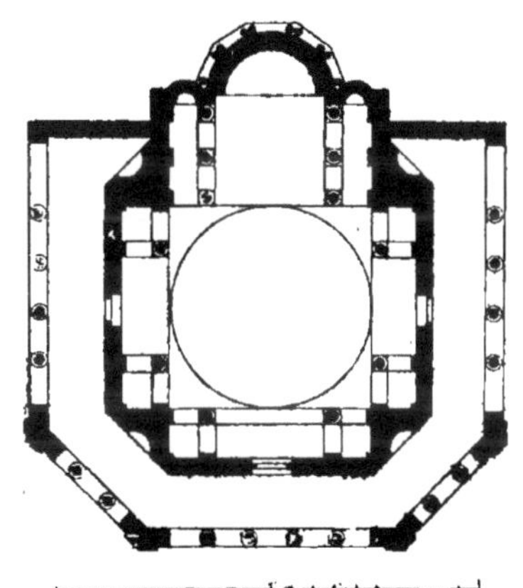

FIG. 74. — ÉGLISE DE SANTA-FOSCA, A TORCELLO. (Plan.)

L'appareil de la construction est déjà plus soigné; à l'extérieur, les murs sont bâtis en briques ou, le plus souvent, en assises alternées de briques et de pierres de taille. Ils sont même souvent divisés en grandes bandes horizontales diversement colorées qu'on généralisa en encadrant les fenêtres ou en enveloppant les archivoltes. A l'intérieur, les mosaïques à fond d'or sont remplacées par des marbres ou des mosaïques fort simples ou très souvent par des fresques appliquées sur des enduits préparés avec soin.

L'église ou la rotonde de Santa-Fosca, dans l'île de Torcello, près de Venise, présente également une grande analogie, comme plan et comme parti architectonique, avec les dispositions syriennes du prétoire de Mousmieh (fig. 6 et 7).

Elle ressemble surtout à l'église de Théotocos, bâtie à peu près en même temps à Constantinople, vers la fin du IXe siècle (fig. 72 et 73).

L'église de Santa-Fosca se compose d'un carré central de dix mètres de côté environ, surmonté d'une coupole circulaire, entourée sur ses côtés de larges arcs-dou-

FIG. 75. — ÉGLISE DE SANTA-FOSCA, A TORCELLO.
(Coupe transversale.)

bleaux — un grand et deux plus petits — retombant sur des colonnes isolées et des pilastres engagés. Ces arcs-doubleaux sur plan carré soutiennent fortement la base circulaire de la coupole.

Les angles rentrants extérieurs du carré sont renforcés par des niches en quart de cercle, qui maintiennent solidement les poussées des trompes intérieures. La coupe (fig. 76) faite sur la diagonale du carré central indique cette ingénieuse disposition.

Dans le quatrième côté se trouve l'abside, précédée d'un chœur ayant la largeur du grand arc et accompagnée de deux galeries latérales de même largeur que les petits arcs et terminées par des absidioles.

Au XIe siècle, l'église a été agrandie par la construction

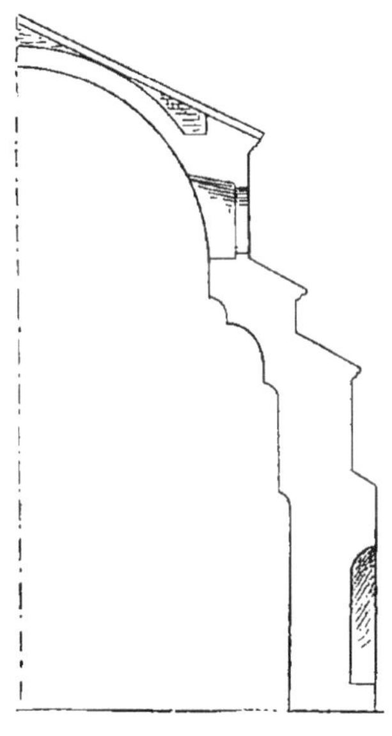

FIG. 76.
ÉGLISE DE SANTA-FOSCA, A TORCELLO. (Coupe diagonale.)

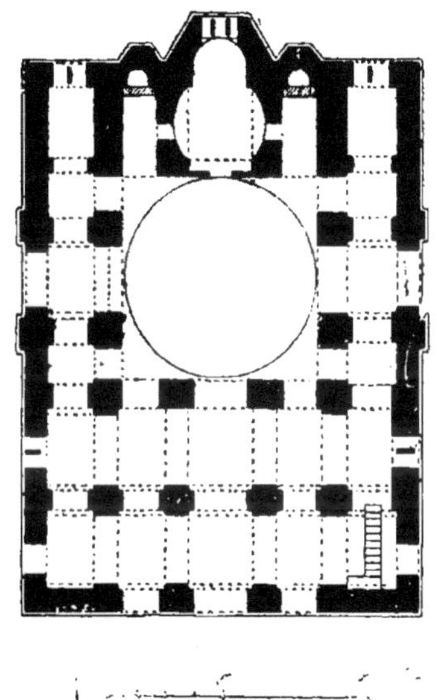

FIG. 77.
ÉGLISE DE SAINT-NICODÈME, A ATHÈNES. (Plan.)

d'une galerie ouverte enveloppant les trois côtés de l'édifice.

La coupole est remarquable par les détails de sa construction; elle ne repose pas sur des pendentifs franchement accusés comme à l'église de Théotocos à Constantinople. Pour racheter le carré, les architectes de Torcello ont construit, dans les angles du carré central, des trompes superposées, transformant le carré en octogone, de sorte que les pendentifs — entre les pans de l'octogone — ont peu d'importance et se trouvent

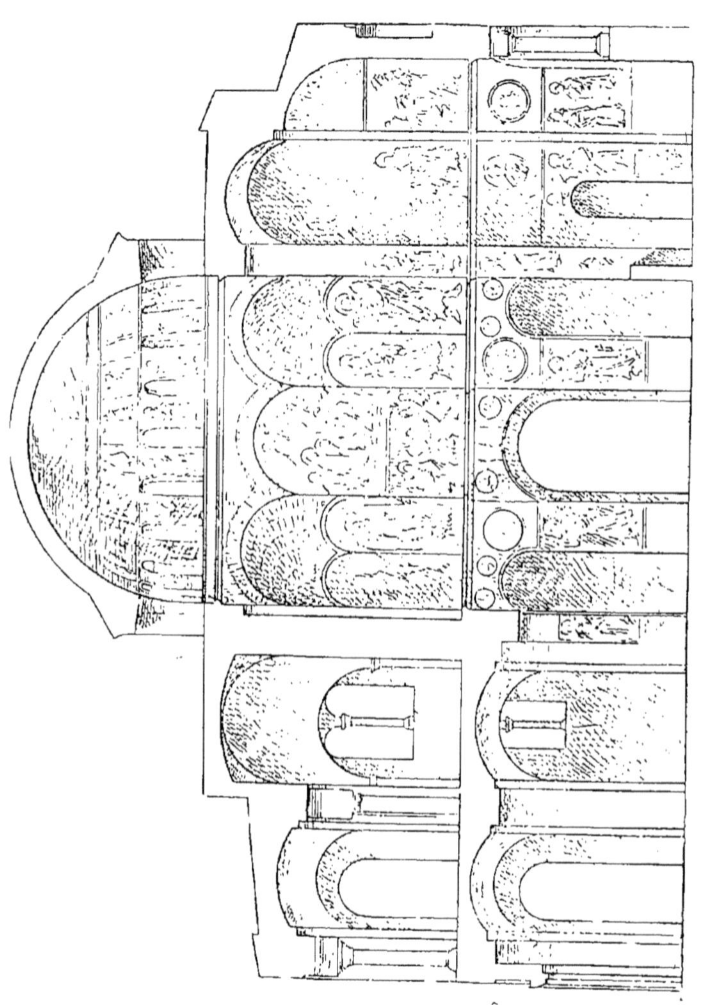

FIG. 78. — ÉGLISE DE SAINT-NICODÈME, A ATHÈNES.
(Coupe longitudinale

noyés dans le blocage formant la calotte de la coupole hémisphérique. Celle-ci n'est pas accusée extérieurement; elle est couverte par une charpente comme à Saint-Vital, à Ravenne (fig. 66).

A Athènes, l'une des plus grandes églises est celle de Saint-Nicodème, bâtie vers le xe siècle suivant les

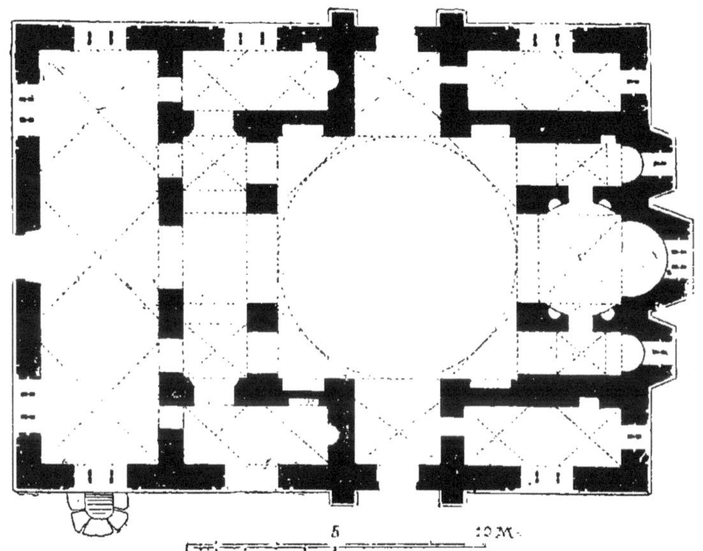

FIG. 79. — ÉGLISE DU MONASTÈRE DE DAPHNI, PRÈS D'ATHÈNES[1]. (Plan.)

principes de l'art byzantin modifié par les constructeurs grecs.

L'édifice est couronné dans la nef centrale carrée par une seule coupole circulaire dont la base, décorée de fenêtres, rappelle celle de Théotocos à Constantinople; mais le parti pris pour racheter le carré est différent. L'architecte, n'ayant pas osé construire sa coupole sur

1. Les dessins de l'église de Daphni nous ont été communiqués par M. Benouville, architecte du gouvernement.

quatre pendentifs ou cherchant un effet nouveau, l'a établie sur quatre grandes niches ou, plus exactement, sur quatre trompes, faisant passer le plan du carré à l'octogone et de l'octogone au plan circulaire par huit tympans gauches, élevés sur l'extrados des huit arcs (coupe longitudinale, fig. 80).

FIG. 80. — ÉGLISE DU MONASTÈRE DE DAPHNI, PRÈS D'ATHÈNES. (Coupe longitudinale.)

L'abside et deux absidioles s'ouvrent sur le côté oriental du côté central. Celui-ci est entouré de bas côtés voûtés supportant une galerie, également voûtée, destinée aux femmes.

L'édifice présente cette particularité qu'il est couvert par une terrasse au-dessus de laquelle s'élève la coupole percée à sa base d'une couronne de fenêtres s'ouvrant au-dessus de la toiture.

A l'intérieur, des mosaïques décorent les murs et la

coupole, des plus curieuses pour l'étude de l'iconographie chrétienne grecque.

L'église du monastère de Daphni, élevée vers le IXe siècle, à 10 kilomètres d'Athènes, est, parmi les édifices religieux bâtis par les Grecs, celui qui rappelle le

FIG. 81. — ÉGLISE DU MONASTÈRE DE DAPHNI, PRÈS D'ATHÈNES.
(Détail des trompes et pendentifs de la coupole.)

plus les traditions byzantines, si complètement caractérisées à Sainte-Sophie de Constantinople.

Comme l'église de Saint-Nicodème, elle consiste en une nef centrale carrée, surmontée d'une coupole qui repose sur des trompes dont la figure 81 donne les curieuses dispositions. Sur le côté oriental de la nef s'ouvrent l'abside principale et deux absidioles couvertes par des voûtes d'arête; le fond de ces absides et absidioles, à pans à l'extérieur, est semi-circulaire à l'intérieur et couvert par des voûtes en quart de sphère.

FIG. 82. — ÉGLISE DU MONASTÈRE DE DAPHNI, PRÈS D'ATHÈNES. (Façade latérale.)

A l'extérieur, les murs sont construits en pierre, dont les assises et les joints sont marqués par des rangées de briques; à l'intérieur, les voûtes sont en briques et elles étaient décorées de brillantes mosaïques.

CHAPITRE XVI

CHAPELLE DU PALAIS DE CHARLEMAGNE, A AIX (ALLEMAGNE). — ÉGLISE DE GERMINY-DES-PRÉS (FRANCE). — ÉGLISE DE LA MARTORANA, A PALERME (SICILE).

La chapelle palatine d'Aix fut élevée par Charlemagne à la fin du VIIIe siècle : un moine de Fontanelles (saint Wandrille) en dirigea les travaux et le pape Léon III en fit la consécration le jour des Rois de l'année 804.

« Aucun des édifices chrétiens, élevés depuis l'achèvement de Sainte-Sophie de Constantinople jusqu'au IXe siècle, ne fut l'objet, de la part de son fondateur, d'autant de sollicitude que Notre-Dame d'Aix-la-Chapelle. Imitant ce qu'avait fait Justinien pour Sainte-Sophie, Charlemagne fit venir de Trèves, de Rome, de Ravenne, les matériaux précieux destinés à son palais et à la chapelle attenante. Dans l'église, les portes et les balustrades encore existantes sont en bronze; la coupole était revêtue de mosaïques[1]. »

La rotonde carolingienne d'Aix procède évidemment de la rotonde byzantine de Ravenne. Comme celle-ci, Notre-Dame d'Aix-la-Chapelle se compose d'une salle centrale octogone de 14m,50 de diamètre, voûtée en coupole et entourée de bas côtés de 6m,30 de

1. De Dartein.

largeur, ou galeries à deux étages largement ouvertes sur le vaisseau central (fig. 84).

Le porche, à deux étages, est identique à celui de Ravenne; deux tours placées de chaque côté contiennent les escaliers conduisant à une tribune qui communique avec les galeries hautes contournant la nef.

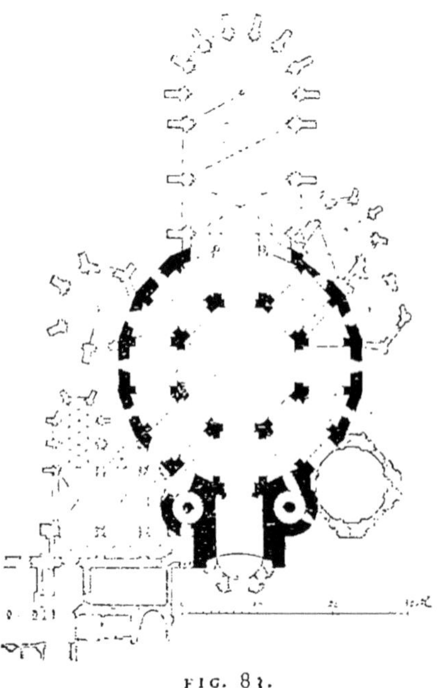

FIG. 83.
CHAPELLE DU PALAIS DE CHARLEMAGNE A AIX-LA-CHAPELLE. (Plan.)

La différence existant entre les deux rotondes tient à la forme des voûtes et aux dispositions de celles qui les enveloppent. A Ravenne, la coupole sphérique se raccorde par une série de pendentifs avec les parois octogones du tambour. Dans la chapelle d'Aix, la rotonde est octogone comme son appui. Mais la diversité des formes et du système de construction apparaît surtout dans les galeries du pourtour, qui sont dans la chapelle palatine mieux liées aux supports de la coupole et, par elles-mêmes, beaucoup mieux disposées qu'elles ne le sont à Saint-Vital.

Dans la chapelle palatine d'Aix, les supports de la coupole sont relativement frêles et la masse des maçonneries est reportée jusqu'à l'enceinte; celle-ci forme un polygone de seize côtés, se combinant avec l'octogone par une série de voûtes alternativement carrées ou triangulaires. Des arcs-doubleaux, retombant sur des dosserets engagés dans les piliers ou le mur d'enceinte, for-

FIG. 84. — CHAPELLE DU PALAIS DE CHARLEMAGNE, A AIX-LA-CHAPELLE (ALLEMAGNE). (Coupe longitudinale.)

ment seize arcs-boutants et répartissent sur celui-ci la poussée de la coupole (fig. 85).

Les galeries basses sont voûtées d'arêtes, sur lesquelles est établi le sol des galeries hautes; celles-ci sont couvertes par des voûtes légères en berceau rampant, sur lesquelles est posée directement la toiture composée de dalles, de pierre ou de terre cuite, ou peut-être même de feuilles de plomb ou de bronze.

Si les monuments à date certaine méritent de fixer

l'attention des archéologues, ceux qui ont été élevés par Charlemagne ou de son temps, et dont les origines sont connues, doivent être particulièrement étudiés en raison de l'influence considérable qu'ils ont eue, certainement et directement, sur l'*architecture romane*.

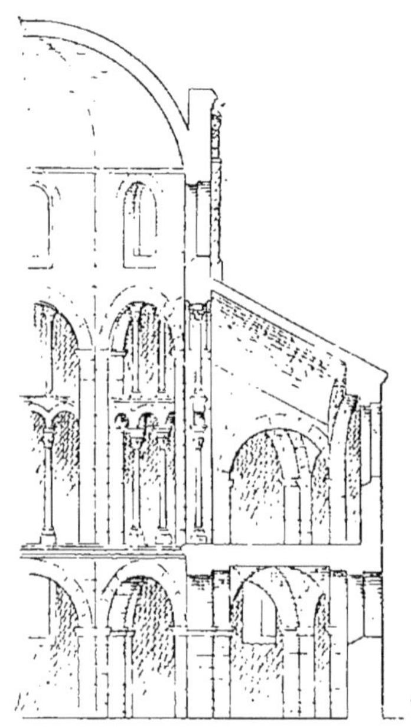

FIG. 85. — CHAPELLE DU PALAIS DE CHARLEMAGNE, A AIX-LA-CHAPELLE (ALLEMAGNE).
(Coupe transversale.)

Nous avons vu la chapelle palatine d'Aix, en Allemagne, le plus important des édifices construits par Charlemagne; nous devons citer une église bâtie en France, à la même époque que l'église d'Aix-la-Chapelle, c'est-à-dire dans les premières années du IXe siècle: l'église de Germiny-des-Prés. Elle est des plus curieuses, parce qu'elle a tous les caractères des églises byzantines bâties, avant le IXe siècle, à Constantinople, ou au commencement de ce siècle à Athènes; elle présente en même temps une grande analogie avec un édifice antique : le prétoire de Mousmieh (fig. 6 et 7), dans la Syrie centrale, construit par les Romains au IIe siècle de notre ère.

Suivant les écrits du moine Létolde, qui vivait au Xe siècle, Théodulphe, évêque d'Orléans, après avoir été abbé de l'abbaye de Saint-Benoît-sur-Loire, fit construire, en 806, l'église Germigny-des-Prés ou Germiny-des-Prés. (Plutôt *Germiny*, car d'après d'anciens auteurs cette église est dite des saints *Ginevra* et *Germinus*.)

Elle se compose, comme les édifices que nous con-

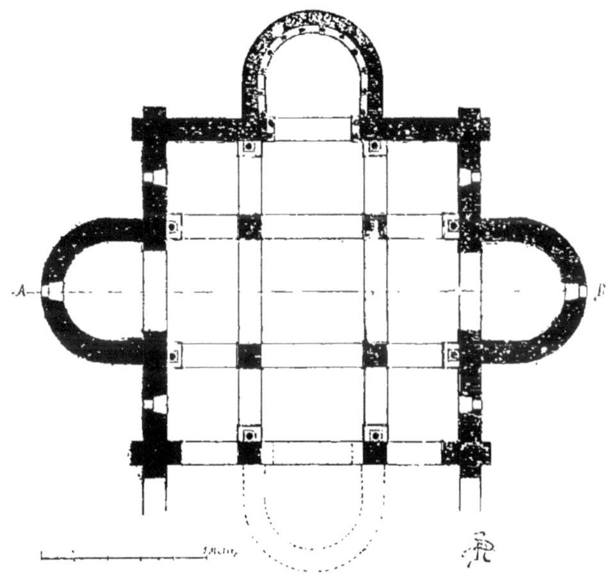

FIG 86. — ÉGLISE DE GERMINY-DES-PRÉS (FRANCE).
(Plan.)

naissons déjà dans la Syrie centrale et en Orient, d'une nef centrale sur plan carré, couronnée par une voûte annulaire très légère, maintenue par les murs s'élevant au-dessus pour assurer sa stabilité et recevoir la toiture en charpente.

Autour de la nef quatre bas côtés égaux forment un carré cantonné par trois — et peut-être quatre — absides, la principale à l'est et les deux ou trois secondaires aux trois autres points cardinaux. Les bas côtés, montant au-dessus des absides, sont couverts par des voutes

FIG. 87. — ÉGLISE DE GERMINY-DES-PRÉS (FRANCE)
(Coupe transversale.)

(fig. 87) au-dessus desquelles s'élève encore la nef centrale, percée sur chacune de ses faces d'une petite fenêtre éclairant la partie supérieure qui conserve sa forme carrée.

Les trois — ou quatre — absides sont voûtées en

quart de sphère; l'abside principale, à l'est, est ornée d'arcatures et la voûte de l'hémicycle est décorée de mosaïques à fond d'or. La partie haute de la nef centrale est couverte de stuc et tout l'édifice est bâti avec soin en pierres de petit appareil.

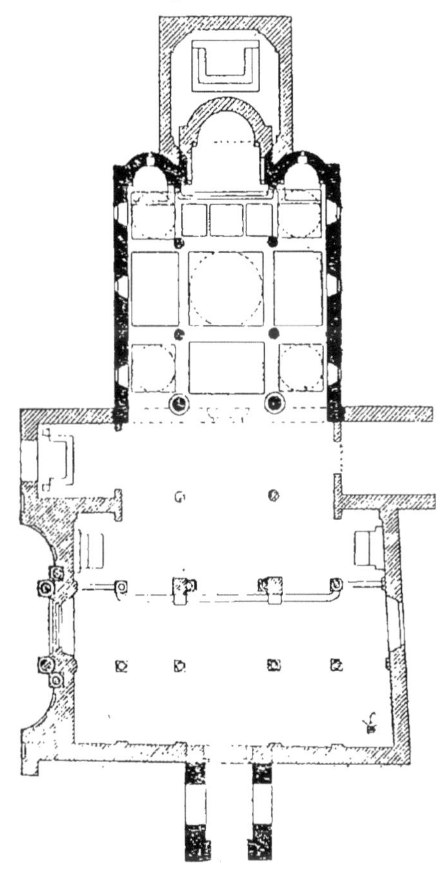

FIG. 88. — ÉGLISE DE LA MARTORANA A PALERME (SICILE). (Plan.)

La disposition de la nef centrale s'élevant en s'étageant au-dessus des bas côtés égaux et des absides est intéressante à retenir, pour plusieurs raisons. D'abord, parce qu'elle est une réminiscence évidente des coupoles latines, byzantines ou grecques, comme celles du prétoire de Mousmieh et de Saint-Georges d'Ezra dans la Syrie centrale (fig. 6, 7, 39, 40); du baptistère de Novare (fig. 26, 27); de Saint-Vital de Ravenne (fig. 67, 68, 69); des églises des saints Serge et Bacchus, de Sainte-Sophie et de Théotocos à Constantinople (fig. 64, 65,

70, 71, 72, 73, 74); de l'église de Santa-Fosca à Torcello (fig. 75, 77 et 77); de Saint-Nicodème et de Daphni à Athènes (fig. 78 à 83); et de l'église d'Aix-la-Chapelle en Allemagne (fig. 84 à 86). Puis, parce

FIG. 89. — ÉGLISE DE LA MARTORANA, A PALERME (SICILE).
(Coupe longitudinale.)

qu'elle est une innovation et que le mode de construction rationnelle est beaucoup plus simple et moins coûteux que celui des coupoles.

Et enfin, parce qu'elle est une des premières applications en France de la tour-lanterne[1] s'élevant au-dessus

1. Voir 1re partie, chap. v.

de l'autel principal sur la croisée formée par la nef, les

FIG. 90. — ÉGLISE DE LA MARTORANA A PALERME (SICILE).
(Vue perspective intérieure.)

deux bras du transsept et le chœur, suivant un système de construction dont nous avons établi la filiation et qui, à partir du xe siècle, devait prendre, en se perfectionnant, un développement extraordinaire.

L'église de *Sainte-Marie de l'Amiral* à Palerme, fondée par l'amiral Roger, fils de Tancrède de Hauteville, fut cédée par Alphonse d'Aragon à un couvent de femmes, au xve siècle, et prit à cette époque le nom de *la Martorana*.

Bien qu'il ait été construit par les Normands dans les premières années du xiie siècle, cet édifice présente tous les caractères des églises byzantines bâties par des architectes grecs, au ixe siècle, à Torcello, à Constantinople et à Athènes.

Il rappelle particulièrement les dispositions de l'église de Théotocos à Constantinople (fig. 72, 73). La principale différence existant entre cette église et celle de la Martorana réside dans la forme des arcs, brisés dans celle-ci, tandis qu'ils sont plein cintre en Italie, à Constantinople et en Grèce.

La décoration de la Martorana empruntant aux Byzantins, aux Arabes et aux Normands des détails caractéristiques, semble résumer l'histoire de la Sicile au moyen âge.

CHAPITRE XVII

INFLUENCE DE L'ART BYZANTIN SUR L'ARCHITECTURE EN ORIENT ET EN OCCIDENT. — L'ARCHITECTURE DU VIIe AU XIe SIÈCLE.

L'art byzantin, qui s'était si grandement manifesté par les superbes ouvrages de Justinien, exerça, dès son origine, une influence considérable qui s'étendit plus tard sur tout l'Occident, mais qui fut générale en Orient surtout pendant la prospérité de l'empire grec, expirant avec le VIIe siècle, épuisé par ses victoires autant que par les attaques des Perses.

On peut suivre la tradition byzantine dès les premiers temps de l'empire arabe. Depuis le commencement de l'hégire, en 622, jusqu'au moment où ils purent donner à leur art un caractère particulier, les musulmans, les adversaires les plus acharnés du christianisme et de l'empire grec ont fait à l'art de leurs ennemis, à l'art byzantin, des emprunts qu'il est facile de constater.

Quand les Arabes étendirent par leurs conquêtes la domination musulmane depuis l'Asie-Mineure jusqu'aux Pyrénées, l'art n'existait chez eux que sous les formes les plus rudimentaires.

De même que les chrétiens établirent leurs premiers autels dans les basiliques civiles de Rome, les musulmans conservèrent, dans les pays conquis, les monuments religieux : ils les modifièrent, puis ils construisirent des édifices nouveaux, disposés selon leurs prescriptions religieuses; mais leur architecture a conservé les traits particuliers de son caractère originel, à l'influence duquel ils ne pouvaient se soustraire.

« En Syrie, les Arabes ne se préoccupent pas tout d'abord de construire des mosquées; ils enlèvent au Christ ses églises et les consacrent à Allah. Parfois, pendant quelques années, les deux cultes vivent côte à côte dans un même édifice[1]. » Il en fut de même en Espagne et les historiens de l'art arabe y distinguent dans ce pays une première période byzantine qui s'étend jusque vers la fin du xe siècle. Entre les califes de Cordoue et les empereurs de Constantinople les relations étaient continues; les savants, les artistes grecs accoururent en Espagne. Aussi les anciens édifices de Cordoue portent-ils la marque de cette influence étrangère si nettement accusée dans la célèbre mosquée de Cordoue élevée par Abdérame vers la fin du viie siècle.

Au moyen âge, sous les rois de la première race et, par conséquent, bien avant Charlemagne et les pèlerinages de l'an 1000[2], des relations existaient entre l'Occident et l'Orient où Byzance exerçait une attraction si puissante que les princes de France, de Germanie et d'Italie y envoyaient sans cesse des ambassades.

Un grand nombre de pèlerins de tous les pays occidentaux visitaient les Lieux Saints et, allant ou revenant par Constantinople, propageaient en Europe, par le récit des splendeurs de la civilisation byzantine et la

1. Ch. Bayet, *l'Art byzantin*.
2. Introduction.

description de ses admirables monuments, l'enthousiaste désir d'égaler les peuples d'Orient; des moines grecs, qui étaient venus s'établir dans le sud de l'Italie, à Rome, en France et en Allemagne, contribuèrent puissamment à entretenir ces idées et à les développer.

A l'époque mérovingienne, des colonies syriennes existaient déjà dans le centre de la France et il n'est pas douteux qu'elles apportèrent avec elles les traditions monumentales de la Syrie centrale, qui germèrent si bien et que l'on trouve si nettement marquées dans l'ancienne province d'Aquitaine.

Le commerce maritime entre l'Occident et l'Orient contribua également à étendre les relations qui s'étaient établies entre ces pays, non seulement par l'échange de leurs marchandises, mais encore par l'acquisition des étoffes, des bijoux, des ivoires sculptés, en un mot, des objets d'art, créés en Orient avec une si habile facilité, dont l'Occident commençait à sentir le besoin, mais qu'il ne savait pas encore produire.

L'influence byzantine s'est exercée certainement en Italie; elle est moins sensible dans le nord de ce pays en raison de sa division en un grand nombre d'États ou de villes aussi différents les uns des autres par leurs conditions respectives au point de vue politique qu'à celui des arts.

Sous le pontificat de Grégoire le Grand, pape malgré lui, en 590, on éleva beaucoup moins d'édifices qu'avant ou après cette époque. Saint Grégoire, sans négliger la puissance temporelle du Saint-Siège, se servit de son pouvoir pour fortifier la papauté, propager le christianisme, améliorer la discipline et l'organisation de l'Église. Affermi par lui-même, il propagea le christianisme, l'orthodoxie et convertit les païens en Sicile, en Sardaigne, à Terracine, aux portes de Rome, et même dans la Grande-Bretagne qui était encore livrée tout entière à l'idolâtrie.

Les instructions que saint Grégoire le Grand donnait à ses représentants leur recommandaient de conserver les monuments existants, quels qu'ils fussent. Il écrivait, en 596, au moine Augustin — plus tard archevêque de Cantorbéry — qu'il avait envoyé dans la Grande-Bretagne à la tête de quarante missionnaires romains : « Il faut se garder de détruire les temples des païens, il ne faut détruire que leurs idoles, puis faire de l'eau bénite, en arroser l'édifice, y construire des autels et y placer des reliques. Si ces temples sont bien bâtis, c'est une chose bonne et utile qu'ils passent du culte des démons au culte du vrai Dieu ; car, tant que la nation verra subsister ses anciens lieux de dévotion, elle sera plus disposée à s'y rendre, par un penchant d'habitude, pour adorer le vrai Dieu [1]. »

« Dans le sud de l'Italie, le rôle de Byzance est évident. Pendant plusieurs siècles, toute une partie de cette contrée se rattacha à l'empire de Constantinople par la religion, par l'administration, par la langue même : l'antique Grande-Grèce méritait toujours ce nom. Même la querelle des Iconoclastes qui détacha de l'Orient le reste de l'Italie, dans le sud fortifia l'hellénisme ; les partisans des images s'y réfugièrent en grand nombre et les empereurs grecs ne les inquiétèrent pas.

1. Victor Duruy, *Histoire du moyen âge*, etc.

« En Sicile, où la domination musulmane, succédant à celle des empereurs d'Orient, a précédé de plus de deux siècles l'établissement des Normands, l'art byzantin et l'art arabe se mêlent en même temps qu'y pénètrent des influences occidentales [1]. » Les formes de l'église grecque s'y combinent avec celles de la basilique latine et parfois apparaît la coupole sur pendentifs, comme à Sainte-Marie de l'Amiral à Palerme — plus tard nommée la Martorana par Alphonse d'Aragon (fig. 88 à 90).

« A l'autre extrémité de l'Italie, Venise est une ville grecque. Sa prospérité s'est accrue à mesure que déclinait celle de Ravenne [2]. » Venise sut maintenir son indépendance entre les Lombards et les Francs et la suzeraineté nominale des empereurs grecs qu'elle affecta de reconnaître fut la condition même de sa fortune. Aussi les monuments vénitiens, entre autres, Santa-Fosca à Torcello et Saint-Marc à Venise, rappellent-ils ceux de Constantinople.

Les églises bâties en Grèce, du IXe au Xe siècle, portent, dans leurs dispositions générales, aussi bien que dans les détails de leur construction, les marques de l'architecture byzantine.

Les églises de Saint-Nicodème et celle du monastère de Daphni, élevées à Athènes, ou près de cette ville, au Xe siècle, ressemblent par leur plan et leur architecture à l'église de la Mère de Dieu — Agia Théotocos, — bâtie vers le IXe siècle à Constantinople et à celle des SS. Serge et Bacchus qui remonte au VIe siècle.

1. Ch. Bayet, *l'Art byzantin.*
2. *Idem.*

En Russie, l'action de l'art byzantin a commencé avec le christianisme grec. Jusqu'au xe siècle les Russes ne connaissaient guère que les constructions en bois. Ce furent des architectes byzantins qui élevèrent les premières églises en pierre et des peintres byzantins qui les décorèrent. Mais l'art russe prit rapidement un caractère particulier et les éléments grecs se mêlèrent à d'autres, d'origine orientale, occidentale et asiatique ; la coupole ne repose plus sur des pendentifs sphériques, mais sur une série d'arcs ou de trompes superposés passant du carré au cercle ; sa forme extérieure devient bulbeuse et l'architecture, tout en montrant encore des réminiscences perses ou indiennes, prend bientôt le caractère original qu'elle a heureusement conservé.

L'influence byzantine s'est manifestée en Allemagne dès le viiie siècle et il est permis de croire que Charlemagne y contribua puissamment. « Les Carolingiens étaient en relations continues avec les empereurs de Constantinople[1] ». On sait que des objets d'art parvenaient de Byzance en Occident ; un évêque de Cambrai, Halitcharius, envoyé comme ambassadeur à Constantinople, en rapportait des ivoires sculptés ; les tissus orientaux étaient fort recherchés, laïques et clercs aimaient à s'en parer, et des fragments s'en rencontrent encore dans les tombes et les châsses du temps.

On sait également que la chapelle du palais de Charlemagne, à Aix, commencée à la fin du viiie siècle et terminée dans les premières années du ixe, a été inspirée de l'église de Saint-Vita là Ravenne, construite au

1. Ch. Bayet, *l'Art byzantin.*

commencement du VIe siècle, à l'imitation du *Temple d'or*, bâti à Antioche par Constantin, et qui passe avec raison pour être un exemple parfait de l'art byzantin. (Voir à ce sujet les figures 66 et 67 concernant Saint-Vital de Ravenne qu'il est intéressant de comparer avec les figures 83, 84 et 85, relatives à l'église d'Aix-la-Chapelle.)

Un grand nombre d'églises s'élevèrent dans la vallée du Rhin ; on y peut suivre, sinon par la reproduction exacte des plans et des formes, du moins par le mode de construction, la tradition byzantine des architectes d'Aix-la-Chapelle.

« En 972, le fils d'Otton Ier, le futur Otton II, épousait une princesse grecque, Théophano[1]. » Avec elle des artistes byzantins arrivèrent, dit-on, en Germanie et initièrent les Allemands à la connaissance de leur art et de leur mode de construire.

En France, l'art byzantin a laissé moins longtemps qu'en Italie ses traces originelles ; mais son influence est visible dans les deux pays et les grandes églises de Venise et de Périgueux, à peu près contemporaines, attestent toutes les deux leur filiation orientale. Seulement la même idée s'est traduite différemment dans les deux pays; en Italie, Saint-Marc est la copie d'une œuvre byzantine[2] construite selon les méthodes romaines ; il est resté une importation, une œuvre unique ou à peu près, qui n'a eu que fort peu de rayonnement autour d'elle.

1. Ch. Bayet, *l'Art byzantin.*

2. L'église des Saints-Apôtres, construite par Justinien à Constantinople.

Tandis qu'en France, Saint-Front reproduit bien les dispositions de son modèle oriental[1], sa construction est toute différente et manifeste une plus grande science dans l'art de bâtir.

Les architectes aquitains, qui possédaient de longue date les traditions syriennes, s'assimilèrent les procédés de l'art byzantin, comme ils s'étaient déjà familiarisés avec ceux de l'antiquité romaine. Ces divers éléments, perfectionnés par eux et appropriés à leur mode de construction dans lequel la pierre se montre dans toute la simple beauté de ses combinaisons savamment appareillées, formèrent bientôt un art de bâtir, nouveau en Europe après l'an 1000.

Cet art nouveau, ayant un caractère personnel, original, exerça à son tour une influence très considérable sur l'*architecture romane* et il fut certainement une des causes principales du développement extraordinaire qu'elle prit dès la première moitié du XIe siècle.

1. L'église des Saints-Apôtres, construite par Justinien à Constantinople.

L'ARCHITECTVRE
ROMANE
IIe PARTIE
HISTOIRE ET CARACTERES
DE
L'ARCHITECTURE
ROMANE
BAPTISTERES
OU
CHAPELLES RURALES ET FUNÉRAIRES
ÉGLISES DE FORME BASILICALE
ÉGLISES RONDES OU POLYGONES
ÉGLISES VOUTÉES

CHAPITRE PREMIER

DÉFINITION ET CARACTÈRES DU *ROMAN*.

L'*architecture romane* procède de l'art romain et de l'art byzantin, certainement et directement. Suivant Quicherat, « l'*architecture romane* est celle qui a cessé d'être romaine, quoiqu'elle tienne beaucoup du romain, et qui n'est pas encore *gothique*, quoiqu'elle ait déjà quelque chose de gothique[1] ». Selon Viollet-le-Duc : « Dans l'*architecture romane* occidentale, à côté des traditions latines persistantes, on trouve presque toujours une influence byzantine évidente par l'introduction de la coupole » et, autre part, il dit encore : « Jusqu'au XIe siècle les établissements religieux, grands centres d'art, ne faisaient que suivre les traditions romaines[2]. » Donc il était nécessaire de connaître d'abord l'art romain, ou tout au moins l'époque qui doit être marquée comme au point de départ; puis l'art byzantin qui fut une si brillante transformation.

En résumé, pour définir l'*architecture romane*, il était indispensable d'étudier l'art romain et l'art byzantin qui l'ont engendrée; on peut suivre alors sa filiation qui s'établit jusqu'à l'évidence même; c'était ce qu'il

1. *Mélanges d'archéologie et d'histoire*, publiés par Robert de Lasteyrie.

2. *Dictionnaire raisonné de l'architecture française du* XIe *au* XVIe *siècle*.

fallait démontrer et ce qui donne une grande importance à la première partie de ce volume.

Il ne faut pas oublier, d'ailleurs, que c'est seulement en 1825 qu'un baptême archéologique donna à l'une des périodes de l'histoire de l'art le nom sous lequel elle est désignée depuis cette époque : l'*architecture romane* [1].

Cette période n'en existait pas moins avant ce nouvel état civil, pour ainsi dire; elle est même considérée avec raison comme l'une des évolutions les plus importantes de l'art, mais dont les commencements se confondent avec les manifestations d'évolutions antérieures.

Il était donc indispensable de bien connaître l'art romain et l'art byzantin puisqu'ils sont les antécédents certains de l'art roman, ou plutôt de l'*architecture romane.*

Les constructeurs *romans* ont imité les Romains et les Byzantins, comme ceux-ci avaient suivi plus ou moins fidèlement les traditions monumentales que leurs prédécesseurs leur avaient transmises.

Il n'y a pas de démarcation aussi nettement tranchée, ni de classification aussi étroitement radicale que celles qui ont été inventées par certains archéologues, s'efforçant de prouver que le caractère des constructions romanes est déterminé définitivement par l'appareil et l'ornementation.

Ils mesurent minutieusement les monuments en

1. Introduction de l'*Architecture romane,* p. 9.

s'arrêtant surtout aux détails d'où ils tirent des conclusions erronées en décrivant la taille des pierres ou en analysant les mortiers qui les relient. Ils dissèquent, pour ainsi dire, les moulures des corniches et des corbeaux, les sculptures des bandeaux, des frises et des chapiteaux; mais tous ces détails si péniblement étudiés et si laborieusement réunis ne donnent pas la physionomie exacte de l'ensemble.

En effet, les constructions romanes, qu'elles aient été faites avec toute la perfection possible ou qu'elles aient été grossièrement traitées, portent toutes la marque visible de l'appareil romain, preuve certaine de la puissance des traditions, si fortes qu'elles entraînaient les constructeurs romans à imiter les pratiques romaines, même dans ce qu'elles avaient de plus naïvement pittoresque, car on exécute encore au XIe siècle des revêtements réticulés ou en arêtes de poisson, ainsi que des chaînes en poteries ou en galets dans les maçonneries faites à la romaine.

L'ornementation romane est également imitée de l'antique; les moulures et les sculptures accusent ou décorent les membres d'architecture aux mêmes points où les Romains avaient coutume d'appliquer ces ornements ou, plus exactement, ces accents caractéristiques.

La différence n'existe souvent que dans l'exécution des ouvrages, grossièrement ou maladroitement imités dans les pays du nord ou traités, dans les régions du midi de l'Europe, avec une si grande perfection qu'ils arrivent à ressembler complètement aux édifices bâtis par les Romains.

Il faut remarquer que l'appareil est souvent peu

apparent parce qu'il est recouvert d'un enduit ou d'un badigeon épais et que la décoration sculpturale fait complètement défaut, soit par suite de la simplicité de l'édifice, soit parce que des peintures murales ont remplacé, dès l'origine, les ornements plastiques. Dans tous les cas, ces détails n'ont qu'une valeur relative, car ils ont été employés aussi bien par les architectes romains que par les constructeurs romans qui les ont imités.

« Tout cela ne constitue pas l'*architecture romane* qui n'est qu'une manière d'être particulière de la construction et dont le caractère ne peut tenir qu'aux dispositions fondamentales des édifices et aux lois d'après lesquelles les pleins et les vides s'y montrent combinés[1]. »

Le principal caractère de l'architecture romane, c'est la voûte.

Les Romains connaissaient la voûte, et trois des formes qu'ils avaient employées furent appliquées par les romans : la voûte en berceau, la voûte d'arête et la coupole.

Les basiliques romaines étaient lambrissées, couvertes par une charpente apparente formant tout à la fois le plafond et la toiture de l'édifice.

Les premières basiliques chrétiennes, bâties à la romaine, furent une imitation de cette disposition ; mais le contraste entre les deux architectures et le point de départ de toutes les différences qui les séparent se manifestent par l'application de la voûte.

« Les églises romanes sont voûtées, couvertes sous

1. Jules Quicherat, *Mélanges d'archéologie et d'histoire*, etc.

leur toiture par des constructions de formes diverses où les pierres sont tenues enchaînées dans le vide [1]. »

La voûte exerçant un effort énergique et continu sur les murs latéraux ou pieds-droits, qu'elle tend à renverser, il fallait élever des murs assez épais pour neutraliser les poussées, diminuer la largeur et la hauteur pour résister aux efforts de la progression des forces et, par conséquent, alourdir l'architecture, raréfier les jours et obscurcir le vaisseau. Au contraire, la basilique romaine, dont la charpente, couvrant la grande nef et les bas côtés, n'avait aucune action de déversement sur les pieds-droits, était largement ouverte et éclairée. Les murs latéraux, formés de colonnades et d'arcades, n'ayant à supporter verticalement que la partie supérieure elle-même très ajourée, pouvaient être construits avec plus de légèreté et d'élégance.

Il fallut choisir entre ces deux nécessités : conserver la forme basilicale complète ou la modifier, sinon dans son plan, tout au moins dans ses détails de construction par l'adoption du voûtement systématique de l'édifice.

Si les Romains avaient reculé devant une solution aussi radicale, les architectes romans eurent moins de scrupules, en raison de l'urgence pour eux de préserver l'autel chrétien et les saintes reliques des désastres sans cesse occasionnés par l'incendie des toitures.

« Pour le besoin de la voûte, ils sacrifièrent toutes les proportions classiques, épaississant les murailles,

1. Jules Quicherat, *Mélanges d'archéologie*, etc.

resserrant les écartements, réduisant les baies; en un mot, faisant envahir de toutes les façons le vide par le plein [1]. »

Mais dans cette voie où le goût dont ils manquaient ne pouvait modérer les constructeurs romans, il y eut cependant un moment où le sens commun les avertit de s'arrêter : ce fut lorsque l'envahissement du vide par le plein devint tel que la sonorité de l'édifice était détruite, que la lumière n'y pénétrait plus et que la circulation y était presque impossible. Ils remédièrent à ces inconvénients par des dispositions nouvelles s'appliquant à la construction des voûtes et aux percements des massifs ou pieds-droits.

L'art byzantin exerça également une grande influence sur la construction des édifices religieux, qui se fit sentir dans presque toute l'Europe (1re partie, chapitre XVII); du temps de Charlemagne, la chapelle palatine d'Aix en Allemagne et Germiny-des-Prés, en France, en sont les preuves certaines, mais ses effets ne se manifestèrent généralement qu'à partir du XIe siècle par le voûtement des églises et particulièrement à Saint-Front de Périgueux et à Saint-Marc de Venise.

Jusqu'à cette époque, même pendant la belle période carolingienne, les églises, à l'exception de quelques chapelles ou baptistères voûtés ou des églises dont nous venons de parler, presque toutes les églises sur les bords du Rhin, en Aquitaine, en Bourgogne, en France, étaient en pierre et couvertes en bois.

L'histoire nous en fournit la preuve. « C'est l'uni-

1. Jules Quicherat, *Mélanges d'archéologie*, etc.

versel feu de joie que les Normands firent des temples élevés à si grands frais par les empereurs francs; c'est en même temps la ruine totale qui fut la suite de ces incendies. Si les Normands avaient eu affaire à des édifices voûtés, ils auraient eu beau mettre le feu dedans et dessus, la construction n'aurait éprouvé que des dégâts partiels et, à moins de s'arrêter à démolir, ce qu'ils ne faisaient guère, ils n'auraient pas vu tomber les massifs, tandis qu'au contraire, s'attaquant à des vaisseaux plafonnés, il leur suffisait de mettre le feu à la menuiserie de l'intérieur pour que la flamme gagnât la toiture. Celle-ci s'effondrait, les colonnes ne tardaient pas à éclater et à entraîner les murs dans leur ruine[1]. »

La leçon donnée par les Normands ne porta pas ses fruits immédiatement, car on voit encore un grand nombre d'édifices rebâtis, après l'invasion normande, sur le plan basilical. Les chroniques du temps, remplies de récits relatifs aux incendies causés par la foudre, ayant pour conséquence la destruction des églises, prouvent que ces édifices étaient encore couverts en bois.

L'historien Raoul Glaber, moine bénédictin qui vivait à Cluny dans la première moitié du XIe siècle, nous dit : comme la troisième année de l'an 1000 était sur le point de commencer, on se mit par toute la terre, particulièrement en Italie et dans les Gaules, à renouveler les vaisseaux des églises, quoique la plupart fussent assez somptueusement établis pour se passer d'une telle opération. Mais chaque nation chrétienne rivalisait à qui aurait le temple le plus remarquable. On eût dit

1. Jules Quicherat, *Mélanges d'archéologie*.

que le monde se secouait pour dépouiller sa vieillesse et revêtir une robe blanche d'églises. Enfin presque tous les édifices religieux, cathédrales, moûtiers des saints, chapelles de villages, furent convertis par les fidèles en quelque chose de mieux.

« De ce fait si remarquable qu'il a pu frapper un écrivain indifférent, autant qu'on peut l'être, au mouvement des arts, on a saisi depuis longtemps la partie morale. On y a vu une démonstration du sentiment d'espérance qui s'était produit après l'an 1000 dans la chrétienté rassurée sur la durée du monde; on a interprété cette ardeur à refaire partout des édifices religieux comme la preuve de l'empressement que mettaient les hommes à renouveler en quelque sorte l'alliance avec le Créateur, la crainte d'un cataclysme universel s'étant dissipée. C'est quelque chose que de savoir qu'à un certain moment un pareil élan s'est produit; mais le texte de Raoul Glaber dit plus que cela. En effet, quand il explique que des monuments déjà dignes d'approbation étaient jetés par terre pour faire place à d'autres monuments plus louables, il donne à entendre que la génération de l'an 1000 posséda le moyen de faire mieux ou, pour le moins, autrement que les générations précédentes. Il constate donc un progrès de l'art[1]. »

Ce progrès consiste évidemment dans le voûtement des églises et ce système fut adopté avec enthousiasme par des peuples amoureux de la nouveauté et qui voyaient là une image de la durée à laquelle ils s'apercevaient que le monde était voué derechef.

1. Jules Quicherat, *Mélanges d'archéologie.*

L'avènement de l'architecture romane est donc constaté par le passage de Raoul Glaber, c'est-à-dire au commencement du XIe siècle.

Cependant le nouveau système de construction ne fut pas appliqué partout dès l'an 1000, car en 1008, d'après le récit de Raoul Glaber, un légat fut envoyé de Rome pour consacrer l'église de Beaulieu, près de Loches, qui venait d'être bâtie par la libéralité de Foulque Nerra, comte d'Anjou ; le jour même de la cérémonie, un ouragan s'engouffra dans l'église et dispersa les lambris du comble qui, avec la couverture entière, furent précipités sur le sol par-dessus le pignon occidental. Ce qui prouve bien que l'église de Beaulieu était couverte en bois à la manière des anciennes basiliques.

D'ailleurs, le nouveau système ne s'est pas appliqué immédiatement dans toute son amplitude; ses effets commencèrent par des essais timides que l'on peut constater en divers pays, notamment en Bretagne et en Normandie, dans les édifices bâtis dans la première moitié du XIe siècle. Les églises de Loctudy, de Fouesnant, de Saint-Melaine, de Lochmaria; les églises abbatiales de Caen (avant les voûtes du XIIe siècle), de Cerisy-la-Forêt, du Mont Saint-Michel, dont les plans rappellent les dispositions basilicales, n'ont de voûtes d'arête que dans les bas côtés ; leurs grandes nefs étaient couvertes en bois. La très somptueuse église de Jumièges, qui fut commencée en 1040 et dont les ruines sont une des merveilles de la Normandie, n'a jamais porté, dans sa partie romane, que des lambris sur sa grande nef.

Il faut aussi tenir compte du climat. Dans le même temps où, dans les pays septentrionaux, on en était encore aux essais timides du nouveau système, les contrées méridionales étaient plus avancées et couvraient déjà complètement leurs édifices par des voûtes. On voit s'élever à Périgueux, dans la première moitié du XIe siècle, une vaste église à cinq coupoles, construite à l'imitation de l'église des Saints-Apôtres de Constantinople, exemple complet d'un art admirable dans lequel on voit les influences byzantines et syriennes réunies comme à souhait, pour imprimer une impulsion nouvelle à l'architecture en apportant à l'art roman un vivifiant concours dont les effets ont été si manifestement féconds dans les siècles suivants.

Afin de faciliter l'étude de l'*architecture romane*, nous croyons utile d'établir l'ordre suivant pour les édifices présentant un grand intérêt au double point de vue de la construction et de l'archéologie : baptistères ou chapelles rurales et funéraires; églises de forme basilicale; églises rondes ou polygones; églises voûtées, en nous attachant seulement aux grandes divisions et aux caractères principaux de l'architecture. D'ailleurs, les détails concernant les profils, les appareils, la sculpture ont été si bien étudiés par de Caumont, si parfaitement décrits par Quicherat et si admirablement dessinés par Viollet-le-Duc qu'il n'est pas possible de faire plus ni mieux. Les *Essais sur l'architecture religieuse du moyen âge*, les *Fragments d'un cours d'archéologie* et le *Dictionnaire raisonné de l'architecture française* sont, du reste, dans toutes les mains; nos lecteurs y pourront trouver, avec les plus utiles enseignements, tous les détails particuliers que nous croyons inutile de reprendre après les travaux des auteurs que nous venons de citer.

CHAPITRE II

BAPTISTÈRES OU CHAPELLES RURALES ET FUNÉRAIRES. — BAPTISTÈRE DE BIELLA (ITALIE). — CHAPELLES RURALES DE SAINTE-CROIX A MUNSTER (GRISONS), DE LA TRINITÉ (ILE SAINT-HONORAT DE LÉRINS) ET DE QUERQUEVILLE (PRÈS DE CHERBOURG). — BAPTISTÈRE OU CHAPELLE FUNÉRAIRE DE SAINTE-CROIX DE MONTMAJOUR (FRANCE).

Il existe encore en divers pays de petits édifices anciens fort intéressants : baptistères ou chapelles.

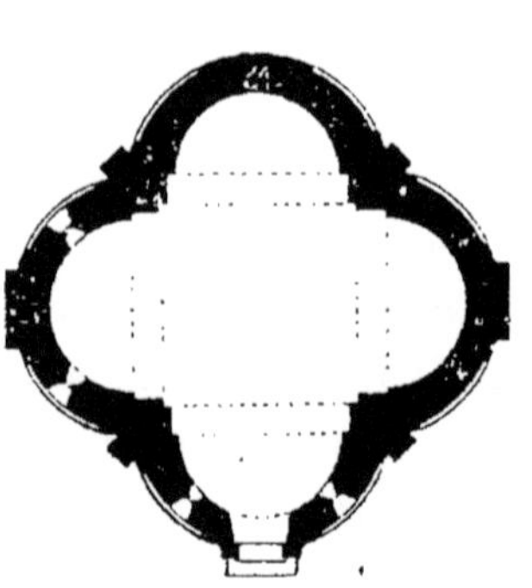

FIG. 92. — BAPTISTÈRE DE BIELLA (ITALIE). (Plan.)

Ces dernières sont sans doute des exemples des petites églises rurales bâties en grand nombre dans les premiers siècles de notre ère et que les textes du temps de Charlemagne désignent sous le nom de *Capella*[1]; ou bien des oratoires élevés ordinairement dans le *charnier* des villes ou des grands établissements religieux.

Si l'on s'en rapportait seulement à la forme de ces petits édifices, on pourrait dire que ce sont des baptis-

1. Ire partie, chap. v.

tères. On sait que, dans les premiers temps du christianisme, les baptistères étaient séparés des églises[1]; ils avaient diverses formes : ils étaient carrés, octogones ou ils présentaient en plan un trèfle ou un quatre-feuilles; la cuve baptismale était au centre et les absidioles rece-

FIG. 93. — BAPTISTÈRE DE BIELLA (ITALIE).
(Coupe transversale.)

vaient des autels sur lesquels on disait la messe, afin de donner la communion aux néophytes après le baptême.

Le baptistère de Novare est octogone (fig. 26 et 27), bâti vers le ve siècle à l'exemple de celui que saint Sylvestre fit élever au siècle précédent près de Saint-Jean-de-Latran. Celui de Biella (fig. 92 et 93), qui date du

1. Ire partie, chap. v.

IXe siècle, donne en plan un quatre-feuilles et il rappelle en élévation les dispositions de Novare.

Suivant certains auteurs, le petit édifice de Sainte-Croix de Montmajour, près d'Arles, qui date des premières années du XIe siècle, serait une chapelle funéraire, sans doute parce qu'elle est entourée de tombes creusées dans le rocher; cependant il faut remarquer que Sainte-Croix présente, aussi bien en plan qu'en élévation, des formes presque identiques à celles du baptistère de Biella, qui est bien désigné par des auteurs anciens comme un édifice ayant eu cette destination dès son origine.

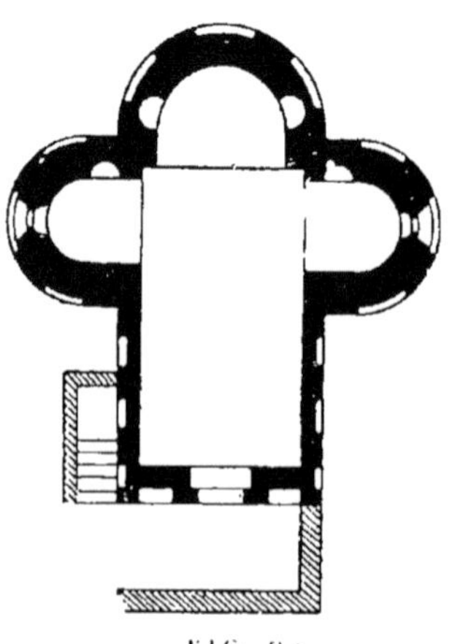

FIG. 94.
CHAPELLE SAINTE-CROIX, A MUNSTER, DANS LES GRISONS (SUISSE).

« L'édifice de Biella consiste dans un étage limité par quatre absides ou grandes niches ouvertes sur les côtés d'un carré central et dans une espèce de tour qui surmonte ce carré et repose sur des arcs-doubleaux construits en tête de niches... La tour attire l'attention par la singularité de ses formes[1]. » Des pendentifs furent établis à sa base pour racheter le carré; mais, construits avec timidité ou inexpérience, ils n'ont fait qu'arrondir les angles pour obtenir par une déformation graduelle à peu près la forme hémisphérique de la coupole, surmontée d'un

1. De Dartein.

petit campanile de beaucoup postérieur à la construction primitive.

La chapelle de Sainte-Croix à Munster (Grisons) est citée par des auteurs anciens comme un édifice funéraire élevé à l'exemple des chapelles des catacombes : *cellæ memoriæ* qui servaient aux cérémonies funèbres et commémoratives ; cependant ce petit monument, qui date du VIIe siècle, dit-on, et qui présente en plan la réduction d'une grande église, pourrait être un des exemples des petites églises rurales, *capella*, bâties avant Charlemagne. Elle est formée d'une nef terminée par une abside et accompagnée de deux absidioles donnant à la chapelle la figure d'une croix latine.

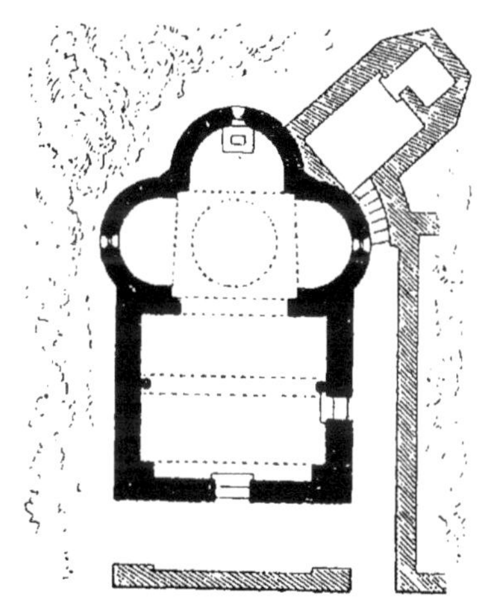

FIG. 95.
CHAPELLE DE LA TRINITÉ
(ILE SAINT-HONORAT DE LÉRINS
(Plan.)

Il en pourrait être de même pour la chapelle de la Trinité, dans l'île Saint-Honorat de Lérins et celle de Saint-Germain à Querqueville, près de Cherbourg.

La chapelle dédiée à la Sainte-Trinité s'élève à l'extrémité orientale de l'île Saint-Honorat de Lérins, sur les côtes de la Méditerranée.

« Au premier aspect, ce singulier édicule laisse une très grande incertitude sur l'époque de sa construction;

mais, après un examen plus attentif, on reconnaît qu'elle doit être de beaucoup antérieure au XIe siècle. Composée d'appareils réguliers posés négligemment, dépourvue de profils, sans la moindre décoration, cette chapelle a paru à tous les archéologues et à tous les architectes qui l'ont visitée jusqu'à présent pouvoir être

FIG. 96. — CHAPELLE DE LA TRINITÉ (ILE SAINT-HONORAT DE LÉRINS. (Coupe longitudinale.)

citée comme l'une des premières qui furent élevées dans la Gaule chrétienne... Ce petit sanctuaire se compose d'une nef recouverte d'une voûte plein cintre, terminée par une abside...; une petite coupole à base circulaire et de forme conique surmonte l'espace compris entre la nef, l'abside et les absidioles [1]... »

Suivant Viollet-le-Duc il n'existerait pas en Occident une coupole plus ancienne que celle de la chapelle de la Trinité, qui paraît remonter au VIIe siècle ou au VIIIe siècle. « Et cet exemple, qui probablement n'était pas le seul, indiquerait que les architectes de

1. Henry Révoil, *Architecture romane du midi de la France.*

ce temps étaient préoccupés de l'idée d'élever des coupoles sur pendentifs; car, à coup sûr, il était vingt procédés plus simples pour voûter la travée principale de cette chapelle, sans qu'il y eût nécessité de recourir à ce moyen. Il y avait là évidemment l'idée d'imiter ces constructions byzantines qui alors passaient pour les chefs-d'œuvre de l'art de l'architecture[1]. »

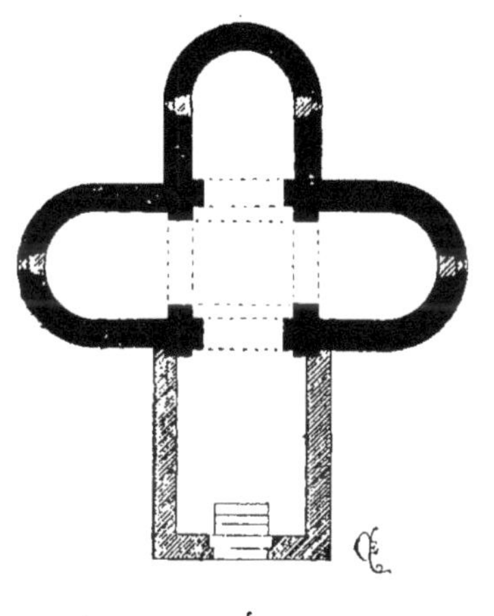

FIG. 97.
CHAPELLE DE SAINT-GERMAIN A QUERQUEVILLE (PRÈS DE CHERBOURG). (Plan.)

La chapelle de Saint-Germain à Querqueville, près de Cherbourg, qui aurait été construite vers la fin du XIe siècle, pourrait bien avoir été également une église rurale; sa forme actuelle rappelle celles de Sainte-Croix de Munster et même de la Trinité; cependant la nef est moderne et les amorces existant encore à sa jonction avec la construction ancienne sembleraient indiquer que le quatrième côté était semi-circulaire comme les trois autres et que la chapelle présentait originellement la forme d'un quatre-feuilles.

Le nom du pays, qui par son orthographe rappelle une origine septentrionale, s'écrivait autrefois

1. *Dictionnaire raisonné de l'architecture française du* XIe *au* XVIe *siècle.*

Kerkeville ou Kerkenville et semblerait indiquer que ce petit édifice était une église rurale.

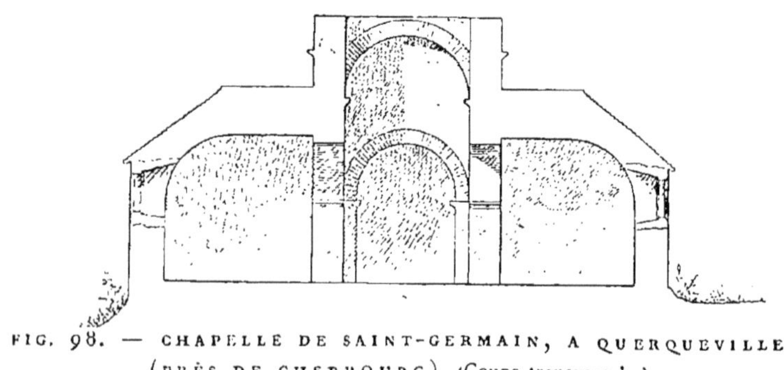

FIG. 98. — CHAPELLE DE SAINT-GERMAIN, A QUERQUEVILLE (PRÈS DE CHERBOURG). (Coupe transversale.)

Le plan de la chapelle Sainte-Croix de Montmajour est absolument semblable à celui du baptistère de Biella (fig. 92). La seule différence entre ces deux édifices réside dans le narthex ou porche qui précède l'une des absides de la chapelle, laquelle donne en plan un quatre-feuilles.— Au milieu, au-dessus du carré formé par l'intersection des quatre absides semi-circulaires et voûtées en quart de sphère, s'élève une coupole carrée en forme

FIG. 99.
CHAPELLE SAINTE-CROIX DE MONTMAJOUR (PRÈS D'ARLES). (Coupe longitudinale.)

d'arc brisé que surmonte un campanile ouvert sur ses quatre côtés et surmonté lui-même d'une petite coupole carrée (coupe transversale, fig. 99).

Suivant des auteurs modernes, Sainte-Croix devrait être considérée comme une chapelle funéraire; ils s'appuient sur ce fait que les seules fenêtres éclairant la chapelle s'ouvrent sur l'enclos servant de champ de repos. « La nuit, une lampe brûlait au centre du monument et, conformément à l'usage admis dans les premiers siècles du moyen âge, ces trois fenêtres projetaient la lueur de la lampe dans le charnier[1]. »

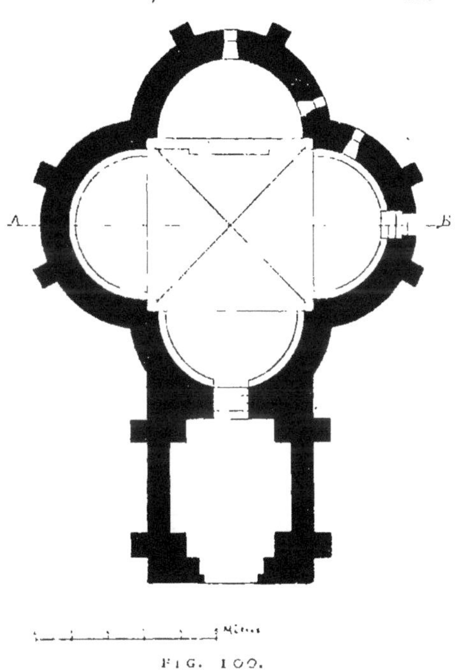

FIG. 100.
CHAPELLE SAINTE-CROIX DE MONTMAJOUR (PRÈS D'ARLES). (Plan.)

Nous ferons remarquer à ce sujet que les tombes creusées dans le rocher, en admettant qu'elles soient du temps de la chapelle, existent en avant de l'édifice en bien plus grand nombre que partout ailleurs et que par conséquent la lampe intérieure ne pouvait éclairer le cimetière. Puis, nous

1. Viollet-le-Duc, *Dictionnaire raisonné*, etc.; Henry Révoil, *Architecture romane du midi de la France.*

insisterons sur l'identité du plan et de la coupe, que l'on peut constater entre le baptistère de Biella et la chapelle funéraire, présumée, de Sainte-Croix de Mont-

FIG. 101. — CHAPELLE SAINTE-CROIX DE MONTMAJOUR (PRÈS D'ARLES). (Vue perspective extérieure.)

majour, ce qui permettrait de dire, sinon d'affirmer, que ce dernier monument était, primitivement, un baptistère qui aurait été affecté plus tard à un autre usage.

Cette chapelle, ou ce baptistère, ressemble par son plan aux églises byzantines; la construction, très savante et très soignée ainsi que les profils, rappelle les monuments antiques si nombreux dans la région.

Il faut noter que cet ouvrage, ainsi que l'église du monastère de Montmajour, ont été bâtis dans les premières années du XIe siècle et qu'à cette époque on peut déjà constater la construction de voûtes en forme d'*arcs brisés* (vulgairement appelés *ogives*).

CHAPITRE III

ÉGLISE DE FORME BASILICALE. — ÉGLISE DE VIGNORY. — ÉGLISE DE SAINT-GENOU. — ÉGLISE DE CERISY-LA-FORÊT (FRANCE).

Les premières églises romanes n'eurent qu'une durée éphémère, soit par les vices de leur construction, soit par la précipitation avec laquelle elles avaient été bâties, ou soit encore par l'inexpérience des constructeurs.

Après plus ou moins d'années de service, ces édifices s'écroulèrent ou durent être démolis. Quicherat nous apprend qu'on en sauva ce qu'on put : des pans de murs, une abside, quelques arcades de nef, les cryptes dont la construction s'était effectuée sans sortir des pratiques connues. Les tours étaient dans le même cas, n'ayant que des étages étroits, enfermés entre quatre murs ; aussi sont-elles ce qui s'est le mieux conservé des ouvrages de l'an 1000. Il y en a peu, parmi celles qui adhèrent aux anciennes églises, dont la base ne remonte à cette antiquité.

L'étude des monuments démontre l'existence précaire de ces édifices primitifs. Ces faits sont très particulièrement prouvés par les chroniques des cathédrales et des monastères mentionnant, dans le courant du XIe siècle, les mêmes faits d'écroulements partiels ou complets, aussi fréquents, après l'an 1000, que l'avaient été avant cette époque les relations d'incendies.

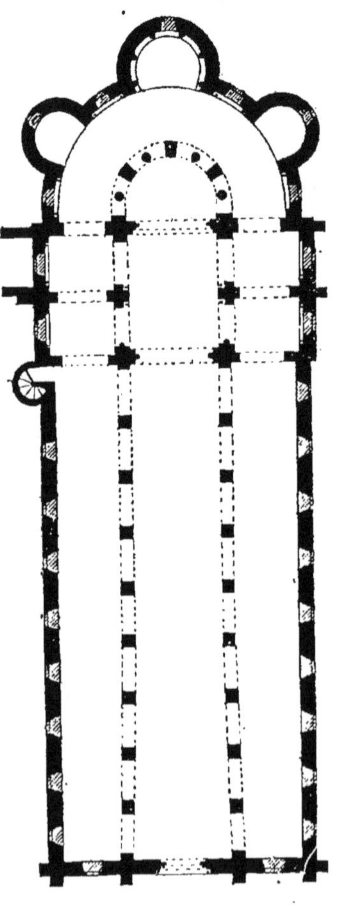

FIG. 102. — ÉGLISE DE VIGNORY, HAUTE-MARNE (FRANCE). (Plan.)

« Ce fâcheux résultat du travail de la première heure paraît avoir suggéré un compromis, auquel nous devons les monuments du XIe siècle qui se sont le mieux conservés[1]. »

Telles sont les églises dont certaines parties seulement sont voûtées, tandis que le reste de l'édifice est couvert en bois.

Quelques-uns de ces édifices sont parvenus jusqu'à nous dans leurs dispositions primitives ; telles sont les nefs de Jumièges, de Montiérender et l'église de Vignory.

1. Jules Quicherat, *Mélanges d'archéologie*, etc.

La nef de cette dernière église, réminiscence des basiliques latines, est formée de deux rangées d'arcades en plein cintre, au-dessus desquelles s'élèvent d'autres arcades subdivisées, qui ne sont plus qu'un simulacre traditionnel. A Vignory, ces arcatures supérieures n'é-

FIG. 103. — ÉGLISE DE VIGNORY, HAUTE-MARNE (FRANCE).
(Coupe trasnversale de la nef.)

clairent pas une galerie haute, selon les dispositions des basiliques romaines, et ces arcades superposées s'ouvrent sur les bas côtés, qui n'ont plus qu'un étage.

La nef et ces bas côtés sont couverts par une charpente apparente dont la coupe (fig. 103) indique les dispositions.

A l'extrémité orientale de la nef commence la partie

FIG. 104. — ÉGLISE DE VIGNORY, HAUTE-MARNE (FRANCE).
(Vue perspective intérieure.)

voûtée; d'abord par un arc triomphal accompagné de deux autres plus petits, puis par des voûtes latérales en berceau, renforcées par des arcs-doubleaux, et enfin

FIG 105. — ÉGLISE DE SAINT-GENOU, INDRE (FRANCE).
(Vue perspective de la nef.)

par un berceau entourant le chœur semi-circulaire, voûté en quart de sphère, de même que les trois chapelles cantonnant le pourtour de l'abside. Il est bon de noter que le plan du chœur de l'église de Vignory est semblable à celui de l'église du Saint-Sépulcre de Jérusalem (fig. 119 et 120).

« Dès la fin du xe siècle, on voit quelquefois les bas côtés conduits tout autour du chœur et du sanctuaire, et communiquer avec lui par des arcades portées sur des colonnes ; ces bas côtés durent, dès cette époque, donner asile à quelques chapelles. Au xie siècle, l'allongement du chœur et ces dispositions devinrent d'un usage général dans les grandes églises. Les bas côtés font le tour du sanctuaire... à l'église *de Vignory* et dans les grandes églises de Saint-Savin, de Saint-Hilaire de Poitiers[1], etc. »

L'église de Saint-Genou (Indre) a conservé à l'intérieur l'aspect d'une basilique antique, dont elle rappelle en plan les dispositions caractéristiques (fig. 105).

La nef de l'ancienne église du monastère de l'ordre de Saint-Benoît est formée de deux rangs de colonnes, dont les fûts sont composés d'assises régulières, reliées par des arcs étroits. Entre ces arcs et les fenêtres hautes, à plein cintre, éclairant le vaisseau, une rangée d'arcatures est composée de colonnettes trapues supportant de petits arcs très solidement appareillés.

Il y a évidemment, à Saint-Genou comme à Vignory, une réminiscence très marquée des dispositions adoptées par les architectes romains pour les galeries

1. De Caumont.

hautes des basiliques. A Saint-Genou, l'arcature aveugle n'est plus qu'un ornement traditionnel décorant la partie occupée par le comble en appentis du bas côté.

La sculpture des grands et des petits chapiteaux supportant les arcs et les arcatures est curieuse, parce qu'elle montre, sous une traduction plastique très grossière, ou plutôt très naïve, les influences antiques et byzantines. Elles sont très nettement accusées par les détails de l'ornementation, rappelant à l'état rudimentaire les volutes ioniques, les feuilles d'acanthe corinthiennes, les ornements plats découpés des Arabes, en même temps que des têtes affrontées, expression d'un art plus ancien dont l'origine orientale n'est pas douteuse.

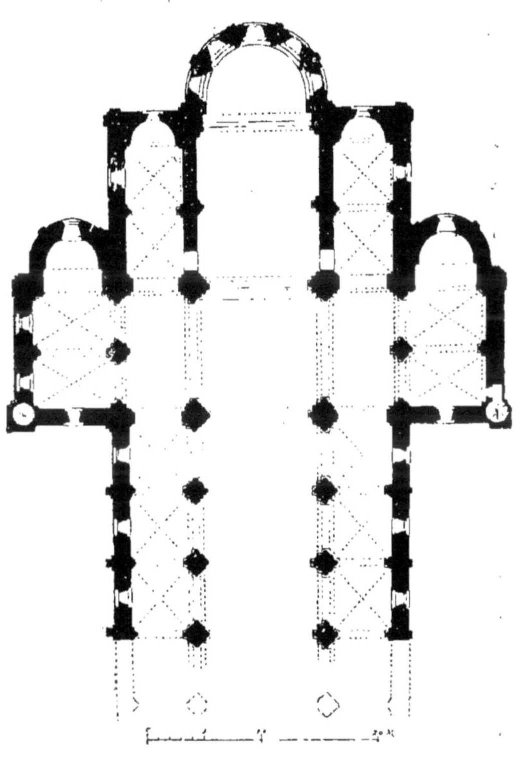

FIG. 106.
ÉGLISE ABBATIALE DE CERISY-LA-FORÊT MANCHE (FRANCE). (Plan.)

Un grand nombre d'églises construites vers la première moitié du XIe siècle conservèrent longtemps, surtout dans les pays du nord de l'Europe, aussi bien en Allemagne qu'en France, les traditions basilicales, tout en adoptant les lois de la construction nouvelle; cependant ces premiers ouvrages témoignent encore de la grande timidité des constructeurs, principalement en ce qui touche au voûtement des grandes nefs. La voûte d'arête, celle en quart de sphère et même les petites coupoles leur étaient déjà familières et l'emploi fréquent; mais on voit qu'ils hésitèrent longtemps, en raison des accidents nombreux qui avaient marqué les premiers essais, et qu'ils cherchèrent longtemps la formule du système de construction qu'ils devaient si bien appliquer dès le siècle suivant.

Aussi les architectes du XIe siècle adoptèrent-ils divers modes de construction pour les églises. Les unes avaient leurs nefs et leurs bas côtés couverts en bois, comme à Vignory (fig. 103 et 104) ; les autres conservaient seulement une charpente apparente sur la nef centrale et couvraient les bas côtés par des voûtes d'arête et les absides et absidioles par des voûtes en berceau et en quart de sphère.

Au centre des édifices bâtis vers cette époque s'élevait généralement une *tour-lanterne*[1], portée sur les arcs triomphaux de la nef, de l'abside et sur les arcs latéraux du transsept; si elle n'indique plus extérieurement, comme dans les premiers temps du christianisme, l'emplacement de l'autel majeur, elle éclaire

1. Ire partie, chap. V.

largement le centre de l'église, en répandant la lumière sur le chœur et le sanctuaire.

Nous avons indiqué les origines des tours-lanternes; elles sont fort anciennes, car nous en voyons un des premiers exemples à Saint-Georges d'Ezra, dans la Syrie centrale[1], construit à la date certaine de 516 de notre ère; puis à diverses églises byzantines, notamment à l'église de Théotocos, bâtie à Constantinople au IXe siècle[2], à l'église palatine d'Aix-la-Chapelle et à celle de Germiny-des-Prés[3].

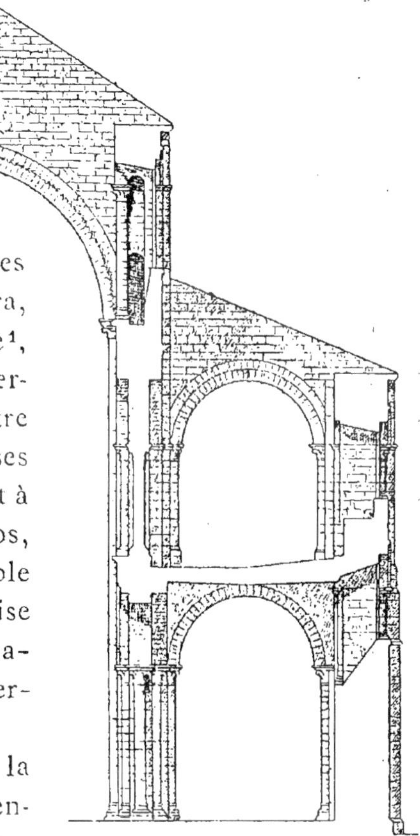

FIG. 107. — ÉGLISE ABBATIALE DE CERISY-LA-FORÊT, MANCHE (FRANCE). (Coupe transversale de la nef.)

Afin de diminuer la propagation des incendies, la nef était généralement, dans le haut des combles, séparée du reste de l'édifice par un pignon s'élevant au-dessus de l'arc

1. Ire partie, chap. VIII.
2. Ire partie, chap. XV.
3. Ire partie, chap. XVI.

triomphal à l'entrée du transsept et formant une des faces de la tour centrale; c'est une imitation lointaine de l'architecture syrienne que nous avons vue dans la première partie. L'église de Roueiha, dans la Syrie centrale (fig. 47 et 48), a été construite au VIe siècle; elle présente cette ingénieuse disposition qui, non seulement sépare la nef du transsept et du chœur, mais divise, à l'aide des pignons élevés sur les arcs-doubleaux de la nef, le vaisseau en plusieurs compartiments, afin d'atténuer les effets de l'incendie des charpentes. (Voir Saint-Sernin de Toulouse.)

L'église abbatiale de Cerisy-la-Forêt fut élevée vers 1020 par l'arrière-petit-fils de Rollon, Richard II, duc de Normandie. Elle rappelle les dispositions des basiliques antiques, et surtout celles de la Syrie centrale, par le plan des nefs et des transsepts, et celles des églises byzantines par le prolongement de l'abside et des absidioles adjacentes[1]. Par sa coupe transversale (fig. 107), elle ressemble aux églises syriennes, et particulièrement à celles de Roueiha et de Tourmanin[2]. La seule différence consiste dans l'importance plus grande qui a été donnée au transsept par l'adjonction de travées débordant le vaisseau antérieur; chacune de ces travées est terminée par une absidiole voûtée en quart de sphère.

L'église abbatiale de Cerisy-la-Forêt présente un exemple des édifices bâtis au commencement du XIe siècle par des constructeurs hésitants.

1. Ire partie, chap. VII, X et XV.
2. Ire partie, chap. IX.

Le chœur, l'abside et les absidioles adjacentes sont voûtés en berceau et en quart de sphère; les bas côtés, couverts par des voûtes d'arête, sont très savamment construits comme les autres ouvrages voûtés: mais la nef seule est couverte en charpente. Chaque travée est marquée par une colonne engagée montant d'un trait du sol à la corniche supérieure, pour recevoir une des maîtresses-fermes de la charpente apparente.

FIG. 108. — ÉGLISE ABBATIALE DE CERISY-LA-FORÊT, MANCHE (FRANCE).
(Coupe longitudinale, fragment.)

La nef est formée par deux rangs d'arcades superposées, retombant sur un faisceau de colonnes engagées et de pilastres composant chaque pilier. La galerie basse est voûtée d'arête et la galerie haute est couverte par une charpente en appentis. Au-dessus de ces arcades, une rangée d'arcatures décore la partie supérieure de la nef et forme avec le mur extérieur un passage étroit établissant une circulation autour de l'édifice, coupes (fig. 107 et 108).

CHAPITRE IV

ÉGLISE ABBATIALE DU MONT SAINT-MICHEL (FRANCE) — ÉGLISE DE WALTHAM-ABBEY (ANGLETERRE). — ÉGLISE DE PETERBOROUGH (ANGLETERRE). — CLOITRE DE MOISSAC (FRANCE).

L'église abbatiale du Mont Saint-Michel présente en plan des dispositions analogues à celle de Cerisy-la-Forêt et rappelle les mêmes influences latines et byzantines. Si l'on en croit les traditions, elle aurait été élevée sur les vestiges d'un oratoire érigé par saint Aubert au VIIIe siècle et sur les ruines d'une église construite au Xe siècle par Richard Ier, petit-fils de Rollon. Il ne subsiste aucune trace des édifices des VIIIe et Xe siècles; mais de l'église fondée en 1020 par Richard II, duc de Normandie, il reste encore le transsept et la plus grande partie de la nef.

L'église fut commencée en 1020 par Hildebert II, quatrième abbé du Mont Saint-Michel (de 1017 à 1023), et que Richard II chargea du détail des travaux. C'est à Hildebert qu'il faut attribuer les vastes substructions de l'édifice roman qui, principalement du côté occidental, ont des proportions gigantesques. Au lieu de saper la crête de la montagne, et surtout pour ne rien enlever

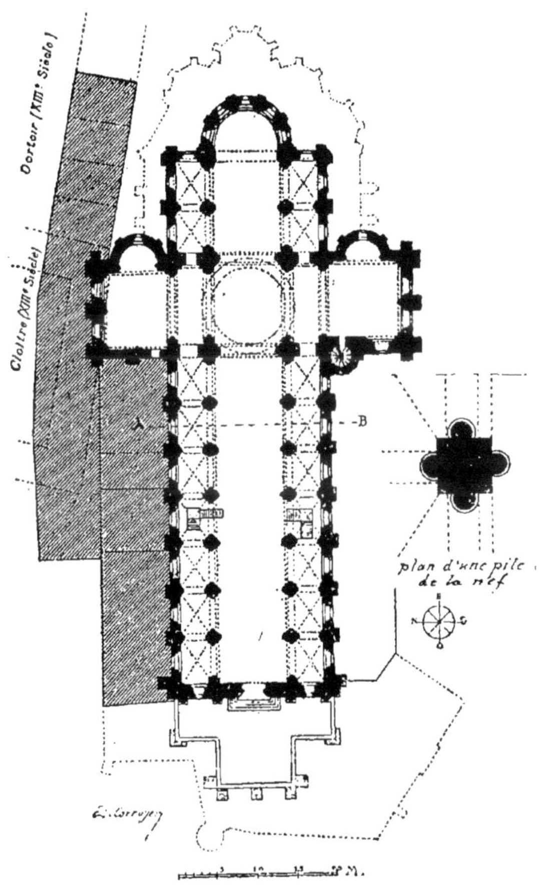

FIG. 9. 109. — ÉGLISE ABBATIALE DU MONT SAINT-MICHEL (FRANCE). (Plan.)

à la majesté du piédestal, l'architecte construisit un vaste plateau dont le centre affleure l'extrémité du rocher, dont les côtés reposent sur des murs et des piles reliés par des voûtes, et forment un soubassement d'une solidité parfaite[1].

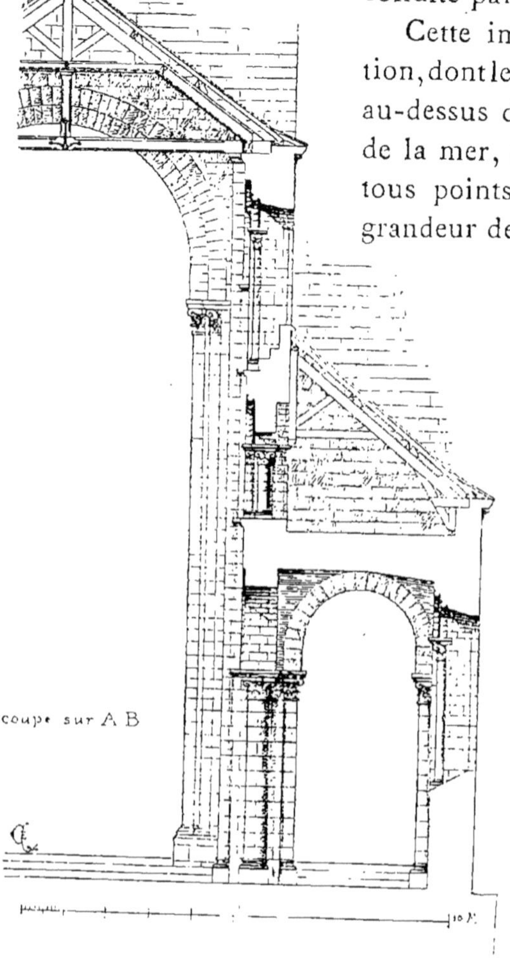

FIG. 110.
ÉGLISE ABBATIALE DU MONT SAINT-MICHEL (FRANCE). (Coupe transversale de la nef.)

Cette immense construction, dont le sol est à 80 mètres au-dessus du niveau moyen de la mer, est admirable en tous points; d'abord par la grandeur de la conception et par les efforts qu'il a fallu faire pour la réaliser au milieu d'obstacles de toute nature résultant de la situation même, de la difficulté d'approvisionnement des matériaux et des moyens restreints de les mettre en œuvre.

La figure 109 donne le plan de l'église après son achè-

1. Éd. Corroyer, *Description de l'abbaye du Mont Saint-Michel*, etc.

vement; la silhouette ponctuée à l'est est celle du chœur reconstruit au xve siècle; les lignes ponctuées à l'ouest indiquent les constructions ajoutées par Robert de Torigni, de 1154 à 1186.

FIG. 111.
ÉGLISE ABBATIALE DU MONT SAINT-MICHEL (FRANCE). (Coupe longitudinale, fragment.)

Ce vaste édifice, élevé sur le plateau artificiel construit par Hildebert, avait alors la forme d'une croix latine figurée par le chœur, par le transsept et par la nef composée de sept travées. — Il en reste quatre; les trois premières ont été détruites en 1776. — Au centre, les arcs triomphaux de la nef et du chœur, ainsi que les arcs latéraux du transsept, supportaient la tour-lanterne que Bernard du Bec, treizième abbé du Mont, de 1131 à 1149, construisit en 1135, et dont les vestiges sont encore visibles sur les quatre faces de la tour-lanterne, au-dessous de la massive pyramide construite en 1602.

Ainsi que la plupart des églises romanes construites dans le nord de l'Europe et notamment en Normandie, la nef centrale était couverte par une charpente apparente. Le chœur et l'abside étaient couverts par des voûtes en berceau ou en quart de sphère; les absidioles du transsept sont voûtées de même, c'est-à-dire en quart de sphère.

Les bas côtés sont couverts par des voûtes, composées d'arcs-doubleaux dont les intervalles sont remplis par des voûtes d'arête.

Les piles carrées sont cantonnées par quatre colonnes engagées (fig. 109). Les colonnes, placées du côté de la nef, s'élèvent jusqu'à la corniche supérieure et supportaient les fermes de la charpente apparente (fig. 110 et 111); les trois autres colonnes, surmontées de chapiteaux, reçoivent les arcs-doubleaux du mur latéral et ceux des bas côtés.

Le transsept et les absidioles ont conservé leurs dispositions anciennes, sauf la charpente supérieure apparente; la façade du côté nord du transsept a été modifiée au XIIIe siècle par la construction du cloître.

Le chœur roman s'est écroulé en 1421 ; il avait les mêmes dispositions qu'à Cerisy-la-Forêt.

L'architecture romane a exercé sur l'architecture de l'Angleterre une influence certaine, qui s'est manifestée dès les premiers temps de la conquête normande; cette influence s'est établie naturellement, car les édifices élevés vers la fin du XIe siècle de chaque côté du détroit furent bâtis par des architectes normands ou par des constructeurs instruits en Normandie, où l'architecture romane avait fait déjà à cette époque de si grands progrès. Lorsque les Normands envahirent l'Angleterre après la conquête, ils y trouvèrent une civilisation chrétienne consacrée déjà par une longue suite de siècles. L'architecture nationale, autant qu'on en peut juger par les rares documents qui sont parvenus jusqu'à nous, suivait, pour la construction des édifices religieux, la tradition basilicale, traduite grossièrement par les Saxons qui, ne connaissant pas la voûte ou n'osant pas encore l'employer, couvraient leurs églises en bois.

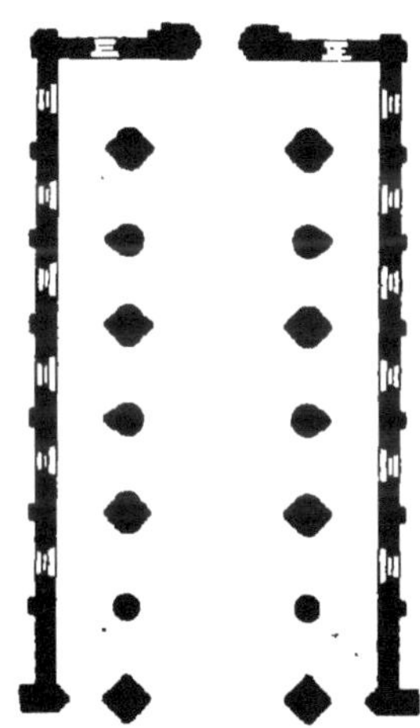

FIG. 112. — ÉGLISE DE WALTHAM-ABBEY (ANGLETERRE). (Plan.)

« Ce système de couverture était tellement ancré dans la pratique des constructeurs indigènes qu'on ne pourrait citer, dans toute l'architecture anglaise de l'époque, un seul exemple de nef voûtée. Même après la conquête normande, on voit s'élancer des piliers de hautes colonnes, qui vont jusqu'au haut des nefs chercher des arcs imaginaires, à défaut desquels elles s'arrêtent brusquement sous des charpentes plates, peintes et dorées.

« Comme en Normandie, cependant, toute la construction semble attendre une couverture voûtée. Les piliers sont, ou bien de lourdes piles cylindriques dressées en petit appareil, ou bien des massifs formés de demi-colonnes et d'autres moulures rondes, leurs bases se composent d'un simple tore et d'une plinthe chanfreinée; leurs chapiteaux constituent une variante rudimentaire du chapiteau cubique[1]. »

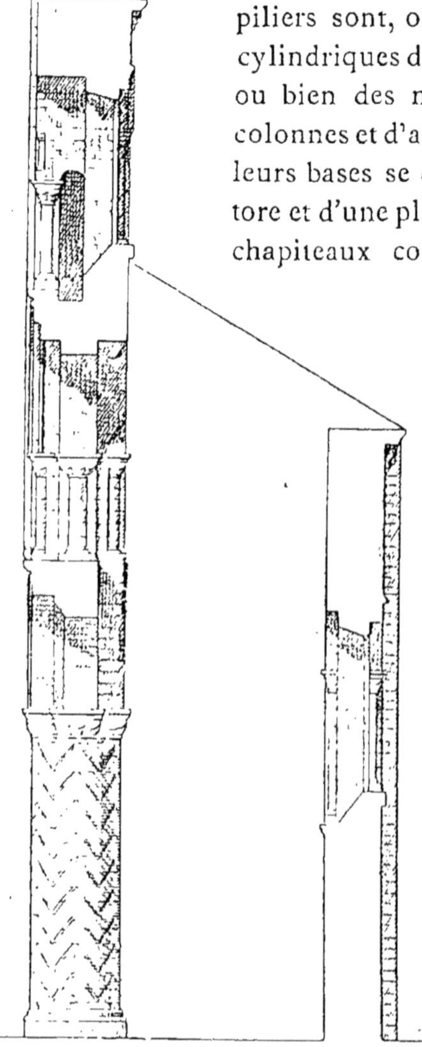

FIG. 113. — ÉGLISE DE WALTHAM-ABBEY (ANGLETERRE). (Coupe transversale de la nef.)

L'église abbatiale de Waltham a été construite selon ce programme, à la fin du XIe siècle ou au commencement du siècle suivant; la nef se compose de deux rangs d'arcades superposées, s'élevant du sol à la corniche supportant la charpente sans aucune liaison avec les murs latéraux; l'arcade supérieure n'est qu'une décoration traditionnelle, car elle n'éclaire, comme l'arcade inférieure, que le bas côté d'un

1. W. Lubke. Traduction de Ch. Koëlla.

seul étage couvert par une charpente apparente. Le mur intérieur de la nef est d'une grande épaisseur et semble avoir été préparé pour résister facilement à la poussée des voûtes de la nef.

FIG. 114. — ÉGLISE DE WALTHAM-ABBEY (ANGLETERRE). (Coupe longitudinale, fragment.)

Les dispositions générales et les détails de la construction rappellent les églises de la Normandie, mais plus particulièrement celle de Cerisy-la-Forêt, dont l'église de Waltham-Abbey semble être une copie servile, sauf par les petits détails de l'arrangement des arcatures supérieures de la nef. Il est intéressant de comparer la coupe figure 114 avec celle de Cerisy-la-Forêt, figure 108.

L'église ou la cathédrale de Peterborough, construite ou commencée dans les premières années du XIIe siècle, présente une ressemblance plus complète encore avec l'église abbatiale de Cerisy-la-Forêt.

La nef centrale est couverte en charpente et les bas côtés sont voûtés, — avec cette particularité que les voûtes ne sont pas d'arête, mais reposent sur des *croisées d'ogives.*

Ces bas côtés sont surmontés de galeries, couvertes par une charpente apparente en appentis et ouvrant par des arcades géminées sur le vaisseau central (fig. 117). Une étroite galerie ménagée dans l'épaisseur des murs

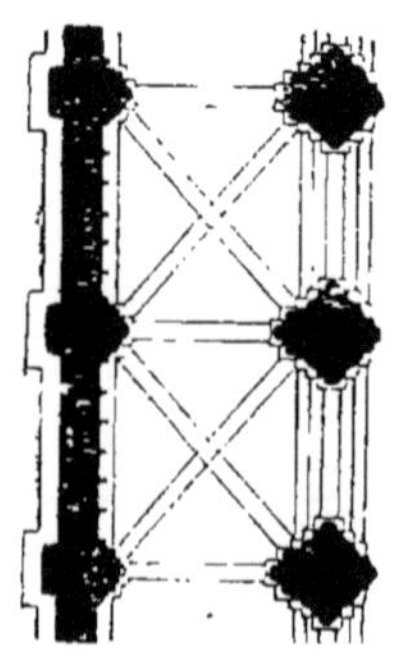
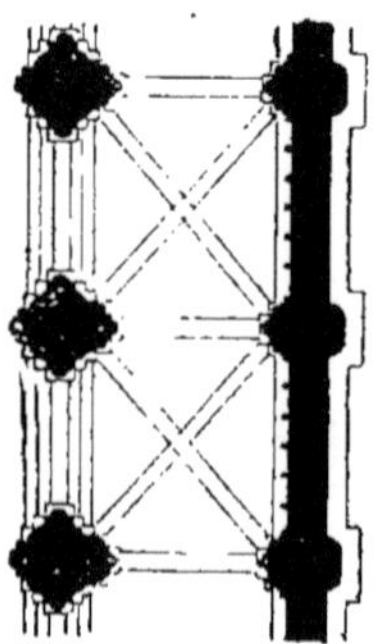

FIG. 115. — ÉGLISE DE PETERBOROUGH (ANGLETERRE).
(Plan.)

de la nef, comme à Cerisy-la-Forêt, et de même qu'à Waltham-Abbey, établit une circulation autour de l'édifice à la hauteur des fenêtres hautes de la nef.

Au centre de l'édifice s'élève une tour-lanterne portée sur quatre grosses piles formant la croisée du transsept et de la nef, à l'exemple des églises romanes du continent. Dans les églises anglaises comme dans les églises normandes, les archivoltes des arcades, les encadrements des galeries et surtout les portails reproduisent à profusion les ornements linéaires particuliers à l'école normande, billettes, pointes de diamants, étoiles, dessins imbriqués ou à bâtons rompus, etc.

La façade de l'église-cathédrale de Peterborough s'ouvre entre deux clochers placés en avant et à côté des collatéraux, et terminés horizontalement par une forte corniche à créneaux. Les portails sont en plein cintre, sans linteau ni tympan, la porte s'ouvrant dans toute la hauteur de l'ouverture.

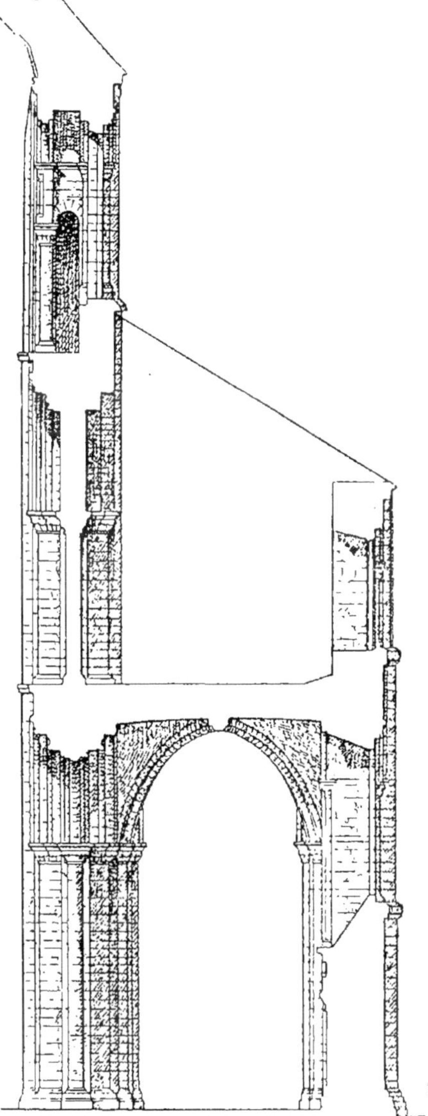

FIG. 116. — ÉGLISE DE PETERBOROUGH (ANGLETERRE). (Coupe transversale.)

La plupart des églises et des cathédrales d'Angleterre remontent à l'époque normande; mais comme elles ont été agrandies et transformées à différentes époques, on ne retrouve des traces de leur origine romane que dans les cryptes ou confessions sur les-

FIG. 117. — ÉGLISE DE PETERBOROUGH (ANGLETERRE). (Coupe longitudinale, fragment.)

quelles elles ont été élevées.

La cathédrale de Winchester, qui date de la fin du XIe siècle, possède encore un transsept et une grande crypte primitifs; d'autres cryptes importantes existent à Worcester et à Canterbury, ainsi qu'à l'église de Gloucester, dont le chœur est également de la fin du XIe siècle.

La cathédrale de Norwick, fondée en 1096, est un spécimen des formes très allongées données au chœur et qui sont très particulières aux églises romanes de l'Angleterre.

La cathédrale de Peterborough, achevée vers la fin du XIe siècle, pré-

FIG. 118. — CLOITRE DE MOISSAC (FRANCE). (Vue perspective des galeries).

sente tous les caractères des édifices bâtis du XIe au XIIe siècle, sous l'influence directe de l'architecture romane continentale, à laquelle elle ressemble absolument par la grandeur des dimensions, par la proportion des arcades et même par les détails de son ornementation. Ces divers éléments primitifs se sont transformés et constituent le fond de l'architecture anglaise, ou plutôt anglo-normande, dans laquelle on retrouve toujours les traces de son origine romane.

Les cloîtres des abbayes sont une réminiscence de l'*atrium* qui précédait les basiliques chrétiennes primitives. A partir du VIe siècle, ainsi que nous l'avons vu[1], la plupart des basiliques furent affectées à des communautés religieuses, et les bâtiments réguliers nécessaires furent établis sur l'un des côtés de l'église, autour d'une cour *carrée*. C'est sur ce point que fut transporté, sous le nom de cloître — *claustrum* — le *quadri-portique*, devenu inutile sur la façade.

Le cloître de Moissac, s'il ne peut pas être classé parmi les édifices de forme basilicale, doit être compté au nombre de ceux qui s'en rapprochent le plus par le système de leur construction. La forme est rectangulaire; les galeries, couvertes par une charpente apparente, sont construites en briques, unies ou moulurées; elles sont formées d'une série d'arcatures en arcs brisés, retombant alternativement sur une colonnette ou deux colonnettes jumellées et sur des piliers carrés assurant

1. Chap. VI, *Dépendances extérieures des basiliques.*

la stabilité des fragiles arcatures; les colonnettes portent des chapiteaux trop lourds par rapport à leur diamètre.

Ces chapiteaux, très richement, mais très naïvement sculptés, en rappelant les traditions byzantines, ainsi que les grandes figures décorant les piliers carrés, proviennent d'un édifice du XIe siècle, dont les fragments ont servi à reconstruire les bâtiments claustraux dans les premières années du XIIe siècle.

La reconstruction du cloître, si amplement orné de sculptures, antérieurement à la soumission des moines de Moissac aux règles de Cîteaux, explique la contradiction qui existe entre la réforme imposée par saint Bernard relativement à la somptuosité des constructions monastiques et la richesse ornementale du cloître.

CHAPITRE V

ÉGLISES RONDES ET POLYGONES. — ÉGLISE DU SAINT-SÉPULCRE A JÉRUSALEM.

Sans vouloir faire l'historique des temples ronds, il est juste de rappeler tout d'abord l'un des plus anciens des édifices de ce genre: le Panthéon d'Agrippa, à Rome, que nous avons étudié avec l'attention que mérite l'un des chefs-d'œuvre du génie romain[1].

« Le vaste répertoire de l'architecture romane offre

1. Chap. IV, fig. 11, 12 et 13.

un certain nombre d'églises et de chapelles singulières par leur forme, qui est ronde ou approchant du rond. Elles dérivent d'édifices dont l'idée première remontait à l'antiquité chrétienne, quoique plusieurs d'entre elles aient été prises plus d'une fois pour des monuments païens... Le Saint-Sépulcre, dont la conquête fut le but de la première croisade, n'était plus l'éminente et magnifique basilique que Constantin avait fait bâtir sur l'emplacement assigné par la tradition au tombeau du Sauveur. Deux fois reconstruit, après deux destructions, l'une par les Perses, l'autre par les Arabes, il avait reçu, dès le VIIe siècle, la forme qu'on lui voit encore aujourd'hui : celle d'une rotonde avec bas côté étagé; seulement cette rotonde, que les modernes ont coiffée d'une coupole en maçonnerie, reçut d'abord et garda pendant toute la durée du moyen âge un chapeau de charpente en forme de cône tronqué et ouvert à son sommet. Par là, le Saint-Sépulcre ressemblait aux temples hypèthres de l'antiquité. Son plan, d'ailleurs, n'était pas une nouveauté. Des rotondes avaient été construites pour l'exercice du culte chrétien avant le sac de Jérusalem par les Perses : témoin Sainte-Constance[1] et Saint-Étienne-le-Rond, à Rome, et notre Saint-Germain-l'Auxerrois de Paris, qui commença par être une église ronde, et bien d'autres encore. On ne peut donc pas dire que le Saint-Sépulcre renouvelé ait été la première église bâtie en rond; mais il est certain que, sous cette forme, elle devint un type qu'on imita dans toute la chrétienté.

1. Le plan de Sainte-Constance ressemble à celui du Panthéon d'Agrippa, avec l'adjonction à l'intérieur d'une double colonnade.

L'histoire nous apprend qu'on en fit en France, au XIe et encore au XIIe siècle[1], beaucoup de copies sur une grande échelle. Elles ne durèrent pas, car nous voyons à leur place des églises dans la forme ordinaire, par conséquent reconstruites. La disparition de ces églises, construites par les architectes romans à l'instar du Saint-Sépulcre, résulte des vices de construction de leur couverture. Tantôt, en effet, on voulut les coiffer de coupoles qui s'écroulèrent, tantôt on chercha à éluder la difficulté de construire une coupole en les recouvrant, comme le Saint-Sépulcre de Jérusalem, d'ouvrages en charpente; mais ces ouvrages furent la proie des flammes et entraînèrent dans leur ruine le bâtiment lui-même. Pourtant deux de ces essais, Saint-Bénigne de Dijon et l'église de Charroux, ont subsisté jusque dans les premières années de ce siècle, grâce à ce que la plus grande partie de leur diamètre avait été donnée au bas côté, tandis que la rotonde centrale y était extrêmement exiguë et, par conséquent, plus facile à couvrir; encore celle de Saint-Bénigne fut-elle hypèthre. Les imitations en petit, qui se sont conservées, permettent de conjecturer ce que furent la plupart de ces grands édifices[2]. »

Parmi les églises rondes les plus intéressantes, il faut citer: le Saint-Sépulcre de Neuvy (Cher), commencé en 1045, abandonné à la hauteur du premier étage et achevé un siècle plus tard; Saint-Bonnet-la-Rivière (Corrèze), dont la rotonde intérieure, de 10 mètres en-

1. Et en Angleterre. Église de Cambridge.
2. Jules Quicherat, *Mélanges d'archéologie*, etc.

viron de diamètre, portée sur dix colonnes, est couverte en charpente ainsi que le bas côté; le temple de Lanleff (Côtes-du-Nord), ou prétendu tel, ruiné depuis des siècles et dont la rotonde intérieure, de 10 mètres, est portée sur douze arcades romanes; et enfin l'église Sainte-Croix, à Quimperlé, bâtie en 1081, qui s'écroula en 1862 et qui a été reconstruite sur ses vestiges dans ces dernières années.

Le prototype des églises polygones construites en Occident paraît avoir été l'église à huit pans, appelée le *Temple d'or*, que Constantin fit élever à Antioche, au IVe siècle de notre ère.

Le plus ancien monument de ce genre en Europe est la chapelle palatine d'Aix, bâtie sous Charlemagne, dans les dernières années du VIIIe siècle.

On connait deux copies à peu près fidèles de l'église d'Aix-la-Chapelle : l'une du XIe siècle, à Nimègue (Pays-Bas), et l'autre du XIIe, à Ottmarsheim (Alsace) (fig. 122 et 123). On connaît également des dérivés de ce type : l'église de Rieux-Mérinville, en France, et l'église du Saint-Sépulcre, à Cambridge, en Angleterre.

Les templiers affectionnèrent la forme octogone, sans doute parce qu'elle se rapprochait de celle de leur église mère, à Jérusalem, qui avait été élevée elle-même sur le plan du Saint-Sépulcre.

Les premières constructions de l'église du Saint-Sépulcre, à Jérusalem, furent faites d'après les ordres de Constantin.

« Commencées en 326, elles furent achevées en 335, année de leur dédicace. Elles comprenaient une grande basilique, des cours et des colonnades (fig. 119). Ces magnifiques édifices furent totalement rasés, en 614, par Chosroës II, roi des Perses. A ses bandes victorieuses s'étaient joints des milliers de Juifs, qui furent les plus acharnés à l'œuvre de massacre et de destruction... La restauration fut entreprise par un moine nommé Modeste, supérieur du couvent de Théodose, et depuis patriarche de Jérusalem. Avec l'aide de saint Jean l'Aumônier, patriarche d'Alexandrie, elle fut achevée dans l'espace de quinze années. Modeste ne put pas, comme Constantin, recouvrir d'une seule et immense basilique l'ensemble des Saints Lieux; il se borna à construire sur chaque emplacement vénéré une petite église selon le goût du temps... Ce fut dans cette nouvelle église de la Résurrection que, le 14 septembre 629, l'empereur Héraclius II, vainqueur à son tour de Chosroës, rapporta sur ses épaules le bois de la vraie croix, précieux trophée de ses triomphes. Mais le règne des chrétiens ne devait pas être de longue durée. Huit ans après l'exaltation de la croix, les disciples de Mahomet, vainqueurs d'Héraclius et de Jezdegerd, maîtres de la Syrie et de la Perse, assiégeaient Jérusalem... Le patriarche Sophronius se mit à la tête des habitants et, par sa vigoureuse résistance, obtint au moins une capitulation. Le premier article stipulait que le calife recevrait lui-même la soumission des vaincus. Omar vint donc de Médine... Il conclut devant la porte de la ville sainte un traité qui garantissait aux chrétiens la possession de leurs églises et la liberté de leur culte... Puis il entra dans Jérusalem, alla prier sur les marches de la porte orientale de l'église du Saint-Sépulcre et jeta les fondements d'une mosquée sur les ruines du temple, après avoir indiqué l'emplacement de la grande coupole qui porte vulgairement son nom (637). Depuis ce temps jusqu'au commencement du XIe siècle, l'église de Jérusalem traversa diverses alternatives de repos et de persécution. Le règne le plus heureux fut celui du célèbre Haroun-al-Raschid (786 à 809) Les chrétiens durent à la modération du calife et à ses relations amicales avec Charlemagne quelques années de tranquillité. On sait que le nouvel empereur d'Occident inaugura cette protection, dont l'exercice séculaire devint le droit et l'honneur du souverain de la France; vers l'an 800, il envoya d'abondantes aumônes en Terre-Sainte pour la réparation des églises... L'époque la plus triste de toute cette période fut celle qui suivit la mort d'Haroun-al-Raschid; à la faveur de l'anarchie qui désola l'empire arabe, la persécution s'étendit sur la communauté chrétienne... Le nouveau souverain,

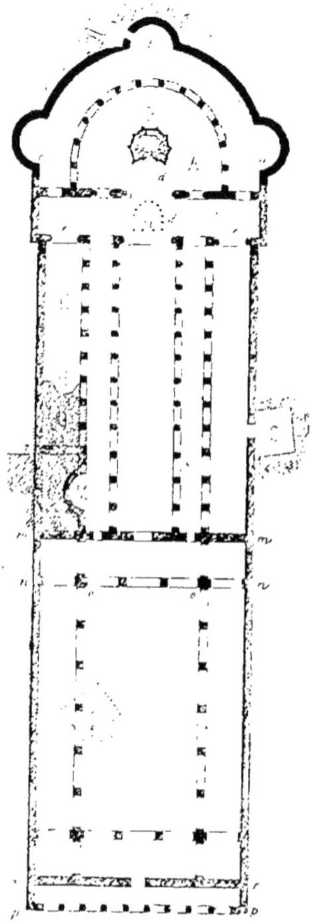

FIG. 119. — EGLISE DU SAINT-SÉPULCRE (JÉRUSALEM).
(Plan de la basilique de Constantin restaurée.)

Hakem-Biamr-Illah, en 996, ordonna la destruction complète des églises de Jérusalem, poussé, dit Raoul Glaber, par les Juifs d'Occident... Les ordres du calife furent sévèrement exécutés; les églises de la Résurrection, du Calvaire, de Sainte-Marie, de Sainte - Hélène tombèrent sous le marteau et la torche des démolisseurs ; le saint tombeau échappa seul à l'action du fer et du feu... On attribue à l'intervention de Marie, mère de Hakem et sœur des deux patriarches de Jérusalem et d'Alexandrie, le brusque changement qui se fit dans les dispositions du vainqueur. L'année même de la destruction des églises saintes (1010), il permit de les restaurer. Alors, dit Raoul Glaber, accourut de tout l'univers une foule immense de pèlerins apportant de l'argent pour la reconstruction de la maison de Dieu. Mais les

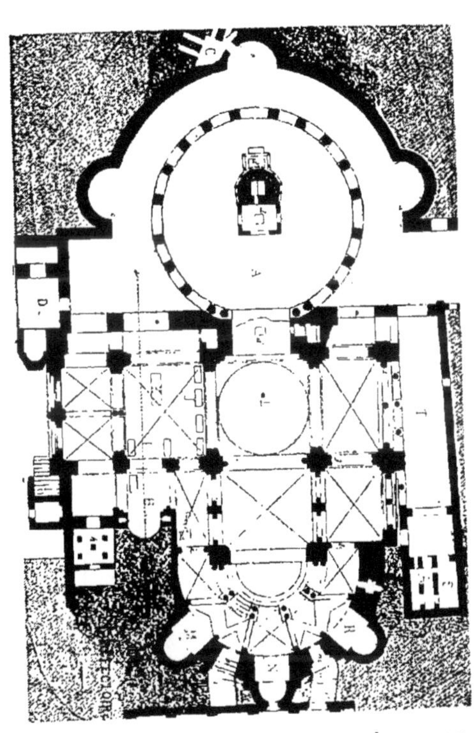

FIG. 120. — ÉGLISE DU SAINT-SÉPULCRE (JÉRUSALEM).
(Plan depuis le VIIe siècle.)

ressources n'étant pas suffisantes, on se contenta d'une restauration partielle... La reconstruction fut reprise sous la direction d'architectes grecs et achevée en 1048.

« Depuis cette époque jusqu'aux croisades, ces édifices ne semblent pas avoir subi de changements.

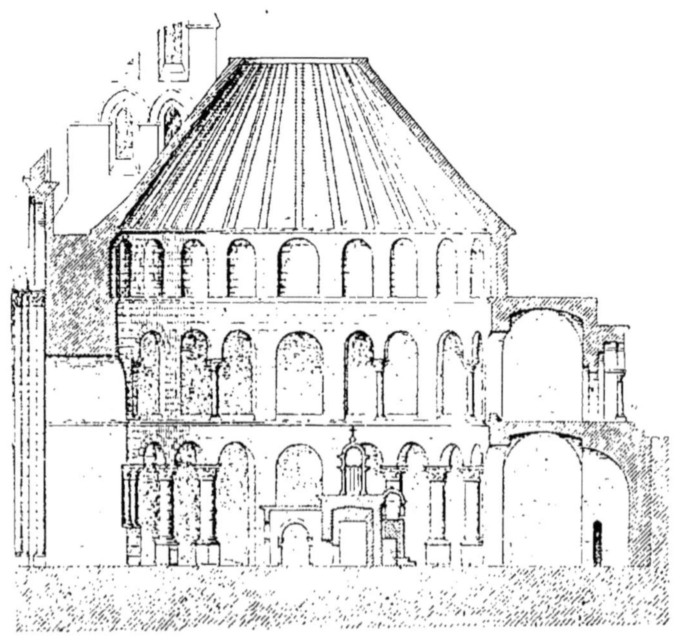

FIG. 121. — ÉGLISE DU SAINT-SÉPULCRE (JÉRUSALEM).
(Coupe longitudinale, fragment.)

Pendant les premières années de l'occupation franque, les vainqueurs, occupés à consolider leur conquête, n'eurent pas assez de loisirs pour travailler à l'agrandissement des églises... Quelques années plus tard, dans les premières années du XIIe siècle, les croisés se mirent à l'œuvre et réunirent dans un seul monument tous les sanctuaires isolés jusque-là. Leurs constructions subsistent encore[1] (fig. 124 et 125). »

CHAPITRE VI

ÉGLISE D'OTTMARSHEIM (ALSACE). — ÉGLISE DE RIEUX-MÉRINVILLE (FRANCE). — ÉGLISE DE CAMBRIDGE (ANGLETERRE).

La chapelle du palais de Charlemagne, construite à Aix, à l'exemple de Saint-Vital de Ravenne, qui avait été lui-même élevé sur le modèle du *Temple d'or* que Constantin fit construire à Antioche en l'honneur de la Vierge, eut une grande influence sur les progrès de l'art dans les pays voisins. Cette forme nouvelle, importée d'Orient et adoptée par le plus puissant souverain de son temps, ne pouvait manquer d'être imitée surtout par les architectes francs, qui reçurent plus directement les rayons de l'art carolingien.

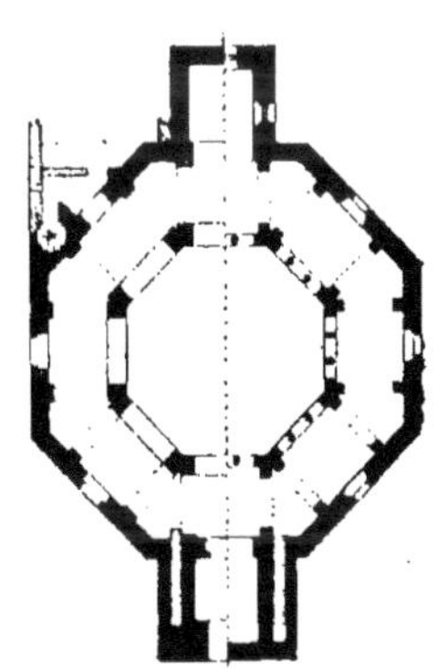

FIG. 122. — ÉGLISE D'OTTMARSHEIM (ALSACE). (Plan.)

L'église octogone d'Ottmarsheim, dans la haute Alsace, fut bâtie, selon les chroniqueurs romans, par le frère de Vernher, évêque de Strasbourg, fondateur d'une

1. Melchior de Vogüé, *les Églises de la Terre-Sainte.*

abbaye de l'ordre de Saint-Benoît : Rodolphe de Souabe, anti-empereur en 1077 et célèbre par le rôle qu'il joua à cette époque dans la querelle des *Investitures*.

L'imitation de l'église carolingienne d'Aix-la-Chapelle est presque complète. La nef centrale d'Ottmarsheim est un octogone couronné par une coupole ovoïde

FIG. 123. — ÉGLISE D'OTTMARSHEIM (ALSACE).
(Coupe longitudinale.)

dont les dispositions, réduites dans leurs dimensions, sont identiques à celle d'Aix-la-Chapelle. Cette coupole s'élève également sur des piles reliées par des arcades superposées ; les unes, inférieures, correspondant aux bas côtés du pourtour ; les autres à la galerie supérieure surmontant ce bas côté. Mais la différence s'établit par la forme du mur extérieur ; il n'est plus à seize pans comme il l'est à Aix ; il reste octogone, et les voûtes superposées du bas côté forment des compartiments alternativement carrés ou triangulaires.

A Aix-la-Chapelle, l'architecture romane s'annonçait; elle s'affirme à Ottmarsheim par l'emploi systématique des arcs-doubleaux dans les voûtes ; cependant l'influence de l'art byzantin est encore très caractérisée par l'absence de contreforts et par les détails de la construction.

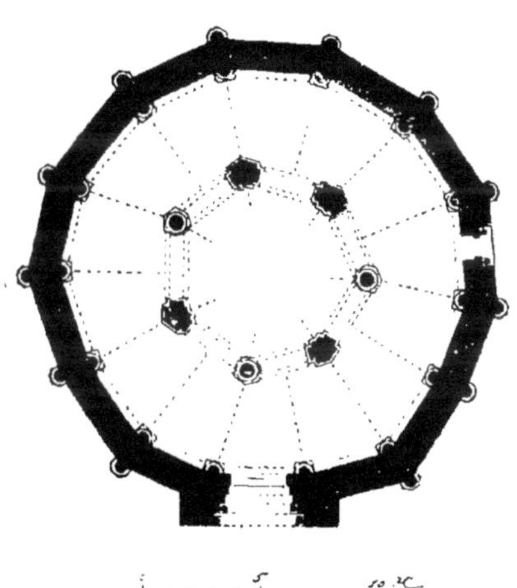

FIG. 124. — ÉGLISE DE RIEUX-MÉRINVILLE (FRANCE). (Plan.)

Le monument de Rieux-Mérinville, près de Carcassonne, dont la construction remonte à la fin du XIe siècle, est évidemment une des nombreuses imitations de l'église du Saint-Sépulcre de Jérusalem.

Les églises circulaires ou celles qui se rapprochent de cette forme, par le nombre plus ou moins grand des côtés inscrits dans le cercle, sont fort rares en France et même dans le reste de l'Europe.

Le plan de l'église de Rieux-Mérinville est un polygone de quatorze côtés, enveloppant un heptagone qui forme le centre de l'édifice ; au-dessus des sept arcades, supportées par des colonnes ou des faisceaux de colonnettes, s'élève une coupole sur le plan du polygone intérieur, dont les pans se perdent en montant vers le sommet ovoïde.

Le mur extérieur se compose de quatorze pans, dont chaque angle est renforcé à l'intérieur et à l'extérieur par des colonnes engagées qui maintiennent la poussée des arêtiers de la voûte intérieure. Cette voûte, couvrant le bas côté enveloppant toute la nef centrale, est en quart de cercle, et elle est très judicieusement construite en demi-berceau contrebutant la coupole centrale,

FIG. 125. — ÉGLISE DE RIEUX-MÉRINVILLE (FRANCE).
(Coupe.)

dont chaque pan est maintenu par deux de ces demi-berceaux. Chaque pan du mur d'enveloppe est décoré à l'intérieur d'une arcade plein cintre retombant sur des colonnettes correspondant dans l'angle intérieur aux colonnes engagées renforçant chacun des angles extérieurs; au-dessus de ces arcades, de petites fenêtres largement ébrasées à l'extérieur éclairent, insuffisamment d'ailleurs, l'intérieur de l'église. La porte principale est à l'ouest, et une petite porte, beaucoup plus richement décorée, s'ouvre au sud.

Le parti architectonique de ce curieux monument indique très nettement l'influence byzantine, de même que les détails et surtout la sculpture conservent des traces accusées des traditions latines mêlées aux premières manifestations de l'art roman nouveau. Les chapiteaux, très finement sculptés, imitent les feuilles d'acanthe corinthiennes confondues avec l'ingénieuse ornementation du XIIe siècle, très marquée par la fine ciselure des tailloirs, aussi bien que par la somptuosité toute méridionale de sa sculpture décorative.

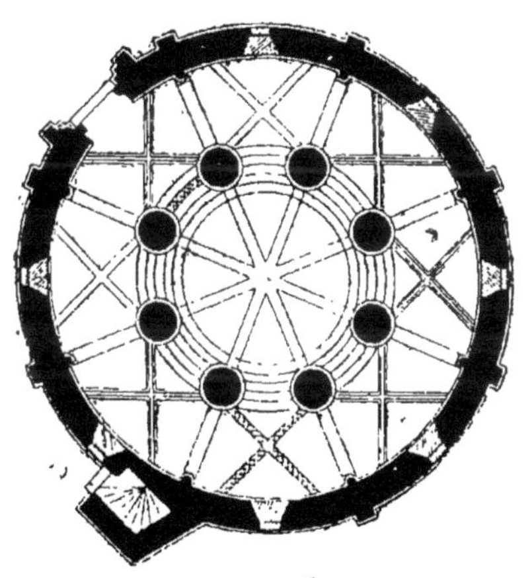

FIG. 126.
ÉGLISE DU SAINT-SÉPULCRE, A CAMBRIDGE (ANGLETERRE).
(Plan.)

L'église du Saint-Sépulcre de Cambridge paraît avoir été construite à l'imitation de la chapelle palatine de Charlemagne plutôt qu'à l'exemple de la célèbre église élevée à Jérusalem sur le tombeau du Christ.

Suivant les auteurs anglais, elle serait la plus ancienne des églises rondes de l'Angleterre et elle remonterait à Henri Beauclerc qui mourut en 1135 ou, tout au moins, à la première moitié du XIIe siècle.

Elle a beaucoup d'analogie, comme parti architectonique, avec l'église de Peterborough qui est certainement une imitation des églises normandes du XIe siècle (fig. 116 et 117). Dans tous les cas, l'influence de

FIG. 127. — ÉGLISE DU SAINT-SÉPULCRE, A CAMBRIDGE ANGLETERRE). (Coupe.)

l'architecture romano-normande, lourdement traduite par les constructeurs saxons, est très accusée par la disposition des arcs superposés retombant sur les chapiteaux grossiers de massifs piliers ronds et trapus, par la construction des voûtes du bas côté formées d'arcs-doubleaux et de croisées d'ogives, très solides, mais très gauchement ajustés par des constructeurs timides, peu familiarisés avec une architecture qu'ils essayaient de traduire.

Les essais des architectes anglo-normands de ce temps sont pourtant fort intéressants à étudier, parce qu'on voit les efforts qu'ils ont faits pour bâtir des monuments qui ont résisté plutôt par la rude solidité de leurs masses que par les savantes combinaisons des constructeurs. La rotonde de Cambridge présente cette particularité que, contrairement aux édifices anciens qui lui ont servi de modèle, les étages inférieurs sont circulaires et la coupole octogone.

L'église du Saint-Sépulcre de Cambridge est composée d'un vaisseau central, circulaire, à deux étages, entouré d'un bas côté semblable sans étage; à chaque étage les huit lourdes colonnes, sur un plan également circulaire, sont reliées par des arcades formées d'arcs-doubleaux superposés. La galerie supérieure, dont les arcades sont géminées, s'ouvrent sur la nef centrale qui est surmontée d'une coupole octogone ; les angles intérieurs sont renforcés par des colonnes engagées dans les parties verticales et par des arcs-doubleaux carrés dans la partie cintrée de la coupole, dont la poussée est amortie par des redans sur l'épaisseur considérable du mur. Des fenêtres plein cintre, ménagées dans les pans, éclairent le vaisseau central. Le bas côté est éclairé par des fenêtres ébrasées à l'intérieur et la galerie haute, au-dessus du bas côté voûté, est couverte par une charpente en appentis.

CHAPITRE VII

ÉGLISES VOUTÉES.

Les Romains avaient élevé tant d'édifices, et ils les avaient construits dans toute l'Europe occidentale avec tant de science et d'art, que les traditions romaines ne s'étaient pas perdues, même pendant la période barbare.

La voûte romaine, d'arête ou en berceau, était connue des constructeurs bien longtemps après la chute de Rome ; ils employaient fréquemment ces deux formes de voûte, et leur usage était constant, surtout pour la construction des édifices souterrains ou *cryptes* qui, vers le VIIIe siècle, remplacèrent les *confessions* des basiliques.

Il est intéressant de remarquer à ce sujet qu'il existait une grande différence entre ces deux ouvrages. La *confession* était une cellule construite moitié au-dessus du sol et moitié au-dessous ; elle servait d'estrade à l'autel et en même temps de tombeau renfermant un corps saint qui, selon les lois liturgiques du temps, devait être obligatoirement placé sous l'autel. Cet édicule était de très petite dimension, car il était, le plus souvent, facilement couvert par une seule dalle de pierre ou de marbre. La *crypte* était complètement ou partiellement souterraine, soit par le creusement total de son emplacement, soit par la disposition des lieux et du sol dont certaines parties pouvaient être dégagées, ce qui permettait alors d'éclairer l'intérieur de la crypte qui formait un ensemble de compartiments compris entre les substructions de l'église haute s'étendant sous le sanctuaire supérieur et souvent même dans les parties adjacentes. Ces compartiments étaient couverts par des voûtes formées soit de berceaux pleins, soit de berceaux entre-croisés, soit par des arcs-doubleaux dont les intervalles étaient remplis par des voûtes d'arête; tous ces arcs ou voûtes retombant sur des colonnes ou des piles trouvant un solide contrebutement dans les soubassements des points d'appui supérieurs.

FIG. 128. — ARÈNES D'ARLES.

(Couvertures en pierre.)

Mais ces édifices ne sont pas *romans* par cela seul qu'ils ont été voûtés; ils ont été construits selon le mode romain et ils ressemblent aux monuments antiques que les architectes du VIIIe siècle ont copiés grossièrement ou tout au moins très naïvement.

Les ouvrages romains ne manquent pas d'ailleurs et les contrées méridionales de l'Europe en présentent de nombreux exemples, celles surtout qui n'eurent pas à subir les ravages des invasions barbares venues successivement de l'Est et du Nord.

Les monuments antiques du Ier et du IIe siècle de

notre ère pouvaient servir d'exemples excellents, qui durent avoir une réelle influence sur les constructeurs romans suivant tout naturellement les traditions romaines

On voit aux arènes d'Arles, qui remontent au Ier siècle, des couvertures construites très simplement; elles sont formées d'arcs-doubleaux sur lesquels sont posées des dalles de pierres (fig. 128). Ce moyen était

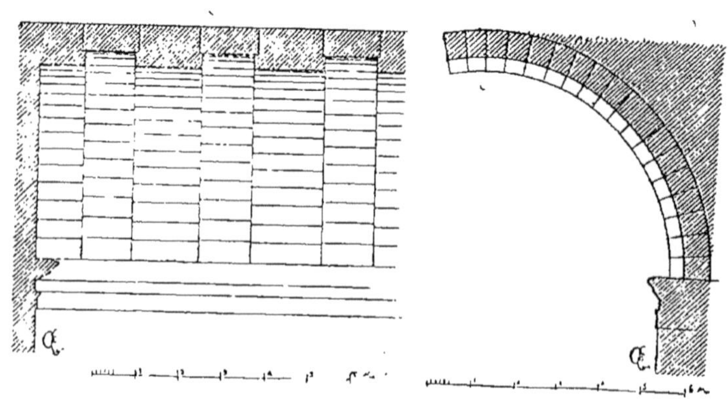

FIG 129 ET 130. — NYMPHÉE DE NIMES.
(Coupes de la voûte en berceau.)

connu des Syriens qui l'employèrent fort judicieusement en raison des matériaux qu'ils avaient à leur disposition; nous avons vu ce mode de construction dans la Syrie centrale, à l'église de Tafkha, bâtie du IVe au Ve siècle sur le modèle des basiliques antiques[1].

Suivant Quicherat, l'amphithéâtre de Nîmes offre un exemple bien conservé d'arcs-doubleaux de l'époque

1. Ire partie, chap. VIII, fig. 28, 29 et 30.

romaine. Le corridor qui forme la dernière précinction du second étage est couvert d'une voûte en berceau soutenue par des doubleaux qui retombent sur des consoles.

On peut voir également à Nîmes, au Nymphée, ou Bain de Diane, ouvrage romain du IIe siècle, une voûte en berceau d'une assez grande largeur dont les éléments se composent d'arcs-doubleaux très ingénieusement combinés et dont l'appareil est particulièrement soigné. Les arcs forment, pour ainsi dire, des cintres permanents en pierre entre lesquels sont ajustées des dalles taillées en claveaux et reposant dans des feuillures ménagées sur les faces latérales des arcs-doubleaux (fig. 130 et 131).

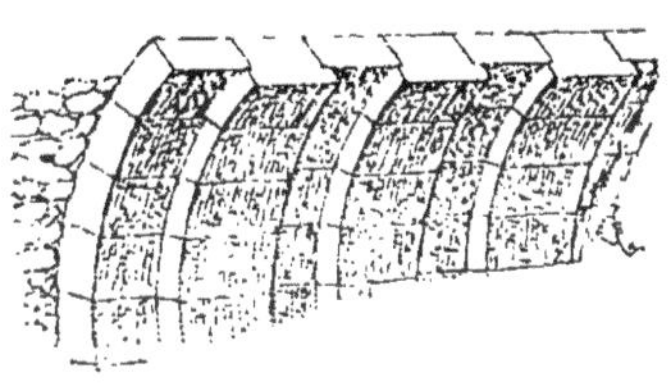

FIG. 131.
NYMPHÉE DE NIMES.
(Perspective des arcs-doubleaux.

On sait, du reste, que les architectes construisaient au VIIIe et au IXe siècle, non seulement des cryptes, mais encore des monuments voûtés, de petites dimensions, il est vrai, et ne présentant pas les difficultés qui résultent de la largeur et de la hauteur des nefs.

Suivant Quicherat, l'évêque Toldus, prince mérovingien qui occupa le siège de Vienne — *Vienna Allobrogum* — fit bâtir, en 708, dans l'intérieur de la ville un petit édicule voûté pour y placer les reliques de saint Maurice et de ses compagnons. Le palais de Chasseneuil — manse royale du temps des Carolingiens — avait au IXe siècle, sur les côtés d'une grande basilique, une petite église voûtée en briques qui excitait l'admiration des contemporains. Selon le même auteur, si digne de foi à tous égards, le palais de Chasseneuil aurait été construit par des architectes de l'Aquitaine.

Il est permis de croire que ces architectes aquitains ne faisaient que pratiquer les traditions propagées par les colonies syriennes qui existaient déjà sous les Mérovingiens[1], dans le centre de la Gaule celtique, voisine de l'Aquitaine.

Vers le même temps, c'est-à-dire dans les premières années du IXe siècle. Théodulphe, évêque d'Orléans, faisait élever près de sa ville épiscopale, à Germiny-des-Prés, une église voûtée dont les dispositions générales, autant que les détails, indiquent l'origine byzantine[2].

Les grandes églises latines, couvertes par des charpentes lambrissées, avaient souvent quelques-unes de leurs parties voûtées. On cite d'abord la somptueuse basilique de Reims, construite, pendant le règne de Louis le Débonnaire, par un architecte nommé Rumald, avec les pierres provenant des murailles de la ville; d'après les chroniques du temps connues par Quicherat, cette basilique eut jusqu'à la fin du Xe siècle une tribune portant sur une voûte adossée à la façade; puis la cathédrale d'Auxerre, rebâtie au Xe siècle et couverte en bois, avait deux chapelles voûtées donnant à l'église la forme d'une croix latine. Il est possible que de grandes églises construites antérieurement à l'an 1000 aient eu des bas côtés voûtés à l'exemple de l'ancien Saint-Pierre de Rome, église romaine à cinq nefs inégales

1. Ire partie, chap. XVII.
2. Ire partie, chap. XVI, fig. 86 et 87.

dont les bas côtés extérieurs étaient couverts par des voûtes en arc de cloître.

Il est même permis de croire que la plupart des absides des basiliques antiques étaient construites en matériaux appareillés. Ces absides, ou hémicycles, étaient voûtées en quart de sphère ou en demi-coupole dont la construction facile ne présente aucune des difficultés qui surgirent lorsque les architectes du IXe siècle, voulant couvrir les grandes nefs des églises, employèrent le berceau romain et même la coupole byzantine.

La coupole, du reste, a joué un rôle considérable dans l'histoire de l'architecture et nous l'avons vu déjà dans la première partie. Au VIe siècle après Jésus-Christ, les chrétiens d'Orient adoptèrent ce mode de construction qui révolutionna l'architecture à cette époque, par l'emploi systématique de la coupole, de même que les chrétiens d'Occident, plus tard, causèrent à leur tour une révolution dans l'art de bâtir par l'aplication sur les églises de voûtes prolongées, maintenues par des contreforts ou des arcs-boutants.

Selon Quicherat, le résultat fut différent dans les deux régions parce que le point de départ ne fut pas le même. Il suffit de dire, pour caractériser cette différence, que les Orientaux ou, comme on les appelle dans l'histoire de l'art, les Byzantins, renoncèrent tout d'abord au plan consacré de la basilique; qu'ils transformèrent l'église en un assemblage de salles polygones ou carrées, fournissant à la fois, par des jambages épais et par des clôtures non moins puissantes, l'assiette nécessaire aux coupoles; qu'à cela près, ils restèrent fidèles pendant plus de quatre siècles aux modes d'ajustement et aux proportions de l'architecture antique.

Nous avons démontré, dans la première partie, l'analogie, la similitude même, qui existe entre les monuments byzantins du VIe siècle et les grands édifices romains des premiers siècles de l'ère chrétienne[1].

Nous avons vu également que, bien avant l'an 1000, on bâtissait des églises rondes ou polygones[2], entre autres la chapelle palatine d'Aix, édifice à coupole élevé par Charlemagne et copié sur l'église byzantine de Ravenne.

On cite encore des coupoles élevées après coup sur le transsept des basiliques couvertes en charpente, ce qui est assez rare cependant, car elles avaient plutôt à la même place une tour-lanterne, selon l'usage gallican.

En résumé, on peut dire que si les Latins essayèrent, durant la période barbare, de construire des coupoles et que si les Gallo-Francs, du VIIIe au IXe siècle, ont construit dans les conditions les plus simples des voûtes ou des coupoles, ils ne firent, les uns et les autres, que suivre les traditions romaines et byzantines, mais qu'ils n'avaient pas encore trouvé la formule romane que nous voyons naître tout à la fin du Xe siècle, s'affirmer dès les premières années du XIe siècle, et grandir avec une étonnante rapidité dans le courant du même siècle.

1. Ire partie, chap. XIV. *Église de Sainte-Sophie, à Constantinople.*

2. Ire partie, chap. V.

CHAPITRE VIII

ÉGLISE DE SAINT-SAVIN (VIENNE). — ÉGLISE DE SAINT-BENOIT-SUR-LOIRE (LOIRET).

La voûte est le principal caractère de l'*architecture romane*[1] proprement dite, et les églises *romanes* sont couvertes sous leurs toitures par des voûtes de formes diverses.

Nous avons étudié, dans le chapitre III de la seconde partie, les moyens employés par les premiers constructeurs de la période romane, moyens mixtes consistant dans l'emploi des voûtes pour les bas côtés et le sanctuaire, laissant à la nef sa forme basilicale avec sa couverture en charpente, réminiscences de la tradition romaine.

Les premiers édifices romans portent encore la marque de l'hésitation et des craintes des architectes, mais aussi l'expression de leur volonté de résoudre le problème, difficile et complexe, du voûtement général. La première partie de ce problème, la plus facile, était résolue déjà par l'emploi de la voûte d'arête pour la couverture des bas côtés; il restait à couvrir le vaisseau principal et, pour augmenter les probabilités de durée, les architectes romans ne donnèrent à la nef qu'une largeur à peu près égale à celle des bas côtés; ils couvrirent cette nef par

1. IIe partie, chap. Ier.

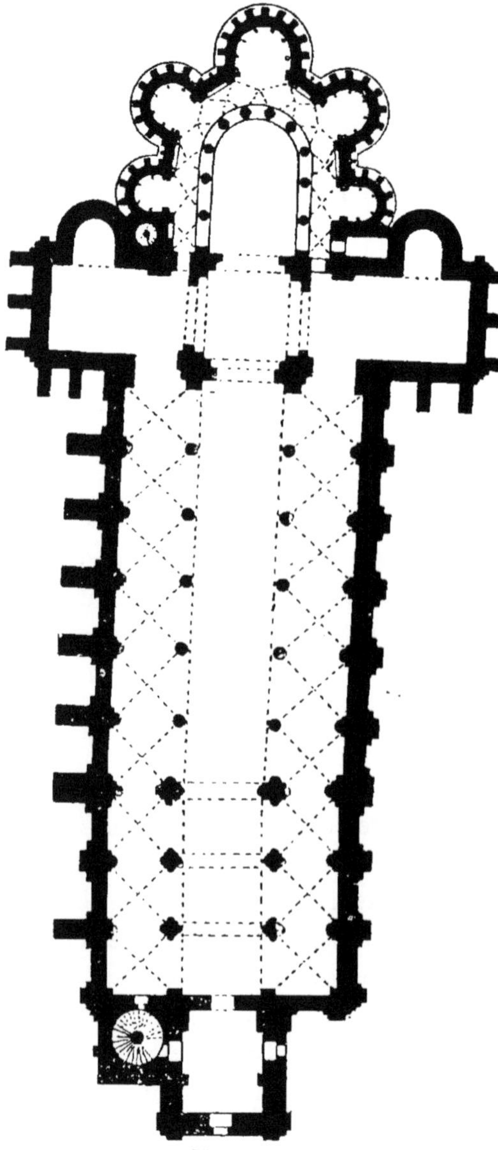

FIG. 132.
ÉGLISE DE SAINT-SAVIN (FRANCE). (Plan.)

une voûte en berceau et, pour neutraliser l'action de la poussée sur les murs latéraux, ils élevèrent les arcs des bas côtés jusqu'à la naissance du berceau central, de manière que les voûtes d'arête qui couvraient ceux-là vinssent contrebuter solidement celui-ci.

L'église abbatiale de Saint-Savin a été construite, vers la fin du XIe siècle, d'après cet ingénieux système. La nef est formée par deux rangées de hautes colonnes composées d'assises cylindriques et couronnées par des chapiteaux naïvement sculptés; elles portent des archivoltes formées par la pénétration du berceau des bas côtés croisés transversalement et longitudinalement; sur ces arcs ou archivoltes reliant les colonnes retombe le berceau en plein cintre surhaussé de la nef. Le plan et la coupe, fig. 132 et 133, indiquent ces dispositions.

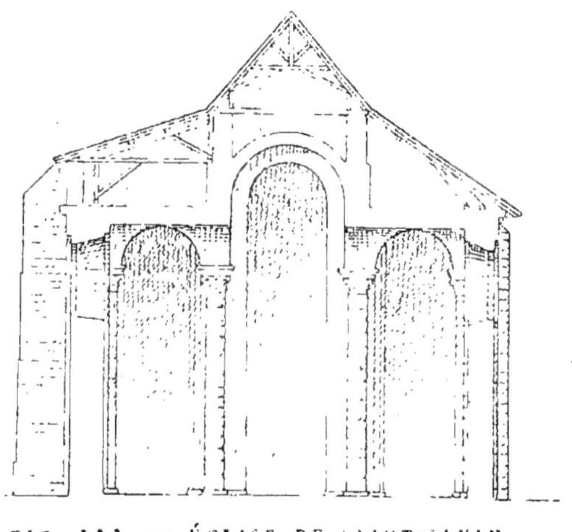

FIG. 133. — ÉGLISE DE SAINT-SAVIN.
(Coupe transversale.)

Les murs s'élèvent longitudinalement au-dessus des reins du berceau central qu'ils chargent pour neutraliser les effets de la poussée latérale, et supportent la charpente du comble de l'édifice.

Par suite de ce parti architectonique, si le plan rappelle encore la basilique latine, l'élévation s'en écarte par la suppression des galeries hautes et celle des fenêtres ménagées dans la partie supérieure de la nef. Celle-ci n'est plus éclairée alors que par les jours ménagés dans les murs extérieurs des collatéraux, et insuffisants, surtout dans les pays du nord, pour répandre la lumière nécessaire au centre de l'édifice; mais nous verrons plus tard les constructeurs romans résoudre encore cette difficulté et trouver les moyens d'ajourer la partie haute des églises.

Le plan de la nef de Saint-Savin, ainsi que du transsept avec ses absidioles, rappelle la forme basilicale des églises normandes ; mais le chœur a des dispositions particulières; le sanctuaire, en forme d'hémicycle ou d'abside marquée par des colonnes, est entouré d'un collatéral, voûté comme les bas côtés de la nef et cantonné de cinq absidioles voûtées en quart de sphère, celle du milieu plus grande que les autres.

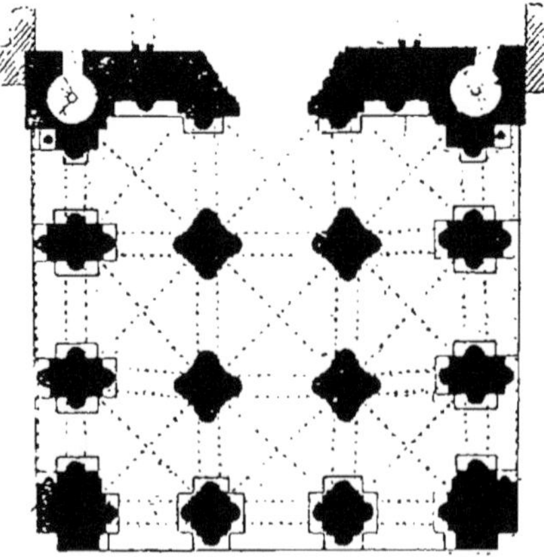

FIG. 134. — NARTHEX DE L'ÉGLISE DE SAINT-BENOIT-SUR-LOIRE. (Plan.)

Ces absidioles sont décorées à l'intérieur et à l'extérieur de colonnes engagées; ce sont de véritables contreforts ornés dont nous avons vu les premières applications — qui sont des réminiscences antiques — aux églises de la Syrie centrale : à Qalb-Louzeh et à Tourmanin (fig. 44 et 50), bâties au VIe siècle de notre ère.

Nous avons indiqué[1] l'origine de cette disposition du chœur, qui remonterait, d'après Quicherat, au Ve siècle, époque à laquelle l'abside des basiliques, ou *presbyterium,* devint le *martyrium,* c'est-à-dire le lieu

1. Ire partie, chap. VI.

FIG. 135 — NARTHEX DE L'ÉGLISE DE SAINT-BENOIT-SUR-LOIRE
(Vue perspective.)

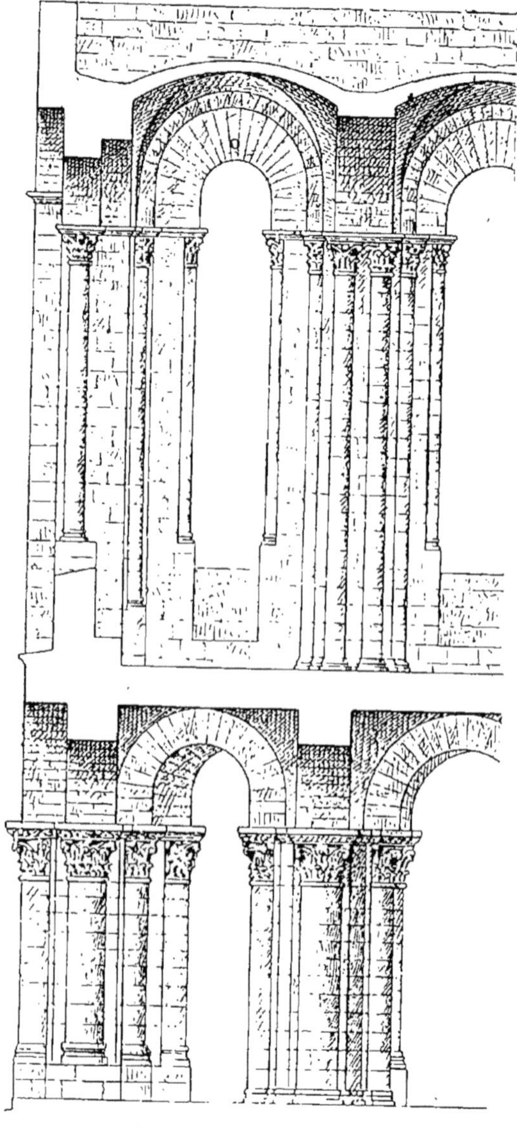

FIG. 136. — NARTHEX DE L'ÉGLISE DE SAINT-BENOIT-SUR-LOIRE. (Coupe.)

ou reposait le corps du saint patron de l'église, autour duquel on établit des galeries basses pour faciliter la circulation des fidèles.

La forme du chœur de **Saint**-Savin peut d'ailleurs être rapprochée de celle de Vignory [1], car elle présente cette particularité, des plus curieuses, de ressembler à l'abside de la basilique du Siant-Sépulcre de Jérusalem, élevée sous le règne de Constantin, de 325

1. IIe partie, chap. II.

à 336 de notre ère[1]. On sait l'immense intérêt qui s'attacha aux Lieux Saints dès les premiers temps du christianisme, et il est tout simple de penser que la forme donnée à l'église primitive élevée sur le tombeau du Christ dût exercer sur toute la chrétienté une influence considérable. Elle s'est traduite par un grand nombre d'imitations monumentales, non seulement à l'état d'édifices isolés, mais encore par la forme donnée aux sanctuaires des grandes églises romanes.

Le narthex ou, suivant Viollet-le-Duc, le grand porche, élevé sur la façade occidentale de l'église de Saint-Benoît-sur-Loire, date du XIe siècle.

Il se compose d'un quinconce de fortes piles ouvert sur trois de ses faces, tandis que les porches romans sont généralement clos de murs et n'ont d'issues que par les portes principales ou secondaires ; il est couvert par des voûtes d'arête. Il occupe une grande surface, et au-dessus s'élève une salle haute construite comme la salle basse et voûtée de même, mais beaucoup plus élevée (fig. 136).

Le porche ou plutôt le magnifique narthex de Saint-Benoît-sur-Loire qui fut élevé avant 1030, suivant certains auteurs, présente un superbe exemple de voûtement général, remarquable par sa vigoureuse construction dont la puissante ossature fait voir encore la préoccupation des architectes romans. S'exagérant l'importance de la poussée des voûtes d'arête, ils ont multiplié les points d'appui en leur donnant des dimensions exagérées qui ne sont plus en rapport propor-

1. IIe partie, chap. V, fig. 120.

tionnel avec les voûtes remplissant les compartiments sur plan carré, laissés dans le réseau des arcs-doubleaux.

Selon de Caumont, des vestibules ou porches à peu près semblables existent à Airvault (dans le département des Deux-Sèvres), à Tournus (Saône-et-Loire), ainsi que dans les grandes abbayes de Cluny et de Vézelay ; mais le narthex de Saint-Benoît-sur-Loire est l'un des plus beaux spécimens des ouvrages de ce genre et l'un de ceux qui donnent une haute idée de la science des constructeurs romans du XIe siècle.

CHAPITRE IX

ÉGLISE DE SAINT-PAUL A ISSOIRE. — ÉGLISE DE NOTRE-DAME LA GRANDE A POITIERS. — ÉGLISE DE SAINT-HILAIRE A POITIERS. — ÉGLISE DE SAINT-SERNIN A TOULOUSE.

Les églises d'Auvergne et particulièrement celles d'Orcival, de Notre-Dame-du-Port, à Clermont, et de Saint-Paul, à Issoire, élevées vers la fin du XIe siècle ou dans les premières années du XIIe, semblent être l'œuvre d'un seul architecte poursuivant la même idée dans des édifices différents; on pourrait même dire qu'ils ont été bâtis par les mêmes ouvriers, puisque les signes gravés sur la pierre — les marques des tâcherons — sont également les mêmes.

L'église de Saint-Paul, à Issoire, est peut-être la moins ancienne des églises que nous venons de citer; mais elle présente bien tous les caractères réunis de l'architecture romane de l'Auvergne; elle marque les grands progrès réalisés par les constructeurs romans dans leur système de voûtes.

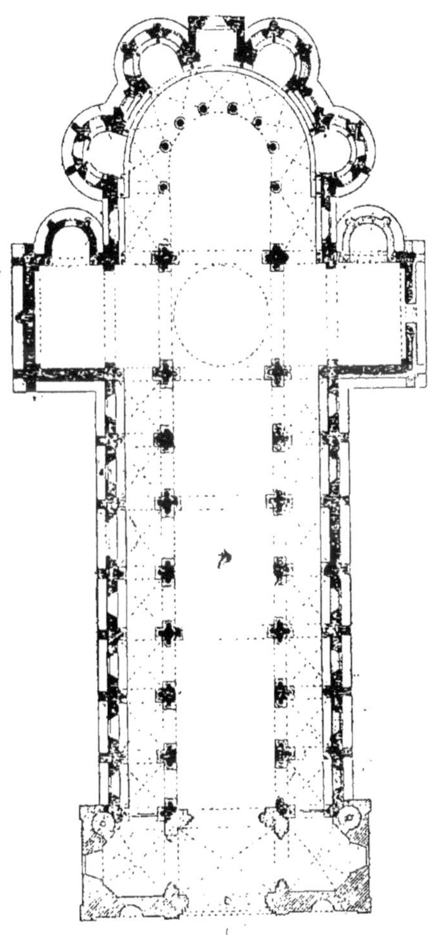

FIG. 137.
ÉGLISE DE SAINT-PAUL, A ISSOIRE.
(Plan.

La nef est formée de deux rangées d'arcades et de deux bas côtés, traversés de deux en deux — ou en trois — travées, par de puissants arcs-doubleaux; la voûte en berceau, qui couvre la nef centrale, est solidement contrebutée par des demi-berceaux. La coupe transversale, figure 138, indique cette ingénieuse et très rationnelle disposition, qui assure à l'ensemble du voûtement une stabilité parfaite.

Les bas côtés sont à deux étages; la galerie basse est couverte par des voûtes d'arête comprises entre les arcs-doubleaux latéraux et transversaux, et la galerie haute, ouvrant sur la nef par de petites arcatures reposant sur des colonnettes et éclairées par des jours ménagés dans les murs extérieurs, est couverte par les demi-berceaux latéraux.

Le chœur présente des dispositions analogues à

FIG. 138. — ÉGLISE DE SAINT-PAUL, A ISSOIRE.
(Coupe transversale.)

celles de Vignory et de Saint-Savin, avec cette différence que les absidioles sont percées de fenêtres et que, dans le mur circulaire extérieur de l'abside, entre les absidioles, on a ménagé également des fenêtres pour éclairer largement le pourtour du sanctuaire.

Les absidioles sont ornées à l'intérieur de contreforts sous forme de colonnes, que nous avons vus déjà à Saint-Savin et dont nous avons indiqué l'origine orientale ou syrienne.

FIG. 139. — ÉGLISE DE SAINT-PAUL, A ISSOIRE.
(Vue perspective de l'abside.)

Au-dessous du chœur, une crypte, desservie par deux degrés, a été construite dans les soubassements de l'église haute, dont le sol du chœur est relevé de quelques marches au-dessus de celui du transsept.

Au centre de ce transsept, à l'extrémité de la nef et en avant du chœur, s'élève une tour octogone; sur les quatre piles de la croisée, quatre arcs-doubleaux portant dans les angles des trompillons, passant du carré à l'octogone; au-dessus, une voûte en coupole, contrebutée latéralement par des demi-berceaux, est surmontée d'une tour octogone, dont l'étage supérieur est un clocher terminé par une pyramide en pierre.

La construction très soignée de l'église d'Issoire a été faite en grès à gros grains pour les massifs et en grès calcaire pour les membres ornés de sculptures. Certaines parties sont ornées de mosaïques ou, plus exactement, d'une marqueterie polychrome, qui donne à l'édifice un caractère oriental très originalement élégant, dont nous avons signalé l'origine en étudiant l'église latine de Saint-Front[1].

L'architecture romane de l'Auvergne eut un grand succès, qui s'explique par l'originalité de ses dispositions et de sa décoration orientale ou byzantine, et dont les effets se manifestèrent rapidement dans les provinces du Nivernais, du Limousin, du Poitou et même du Languedoc.

Dès la fin du XIe siècle ou le commencement du XIIe, on voit se généraliser la forme des absides circulaires agrandies par des chapelles rayonnantes.

Poitiers, Nevers en conservent encore des exemples, et nous verrons un des plus beaux de ce genre à Toulouse.

1. Ire partie, fig. 54.

Le transsept de l'église abbatiale de Saint-Hilaire à Poitiers est très vaste, car une nef centrale et 4 bas côtés y aboutissaient, le sanctuaire, en forme d'hémicycle, est enveloppé d'un vaste collatéral sur lequel s'ouvrent des chapelles, ou des absidioles, comme celles de Saint-Savin, de Notre-Dame-du-Port à Clermont et de Saint-Paul à Issoire.

FIG. 140. ÉGLISE DE SAINT-HILAIRE, A POITIERS (Vue perspective de l'abside.)

L'église de Notre-Dame-la-Grande est une des plus curieuses de Poitiers, si riche en monuments romans. A l'intérieur, elle présente trois nefs voûtées en berceau de hauteur à peu près égale.

Ce système de construction montre encore les hésitations et les tentatives constantes des constructeurs romans à la fin du XIe siècle.

Une grande tour carrée, se terminant par un étage

circulaire couronné d'une pyramide, s'élève sur la croisée du transsept; sa façade, couverte de sculptures, montre l'arc plein cintre associé à l'arc brisé, employé depuis longtemps déjà et que nous avons vu à la chapelle de Sainte-Croix à Montmajour, construite dans les premières années du XIe siècle; deux tourelles, couronnées comme la partie haute de la tour centrale et supportées par des faisceaux de lourdes colonnes, ornent les angles de la façade occidentale (fig. 141).

Cette façade dans laquelle les réminiscences orientales abondent est surtout remarquable par la décoration sculpturale dont elle est entièrement couverte; elle semble être le volet central d'un immense triptyque, chef-d'œuvre de l'imagerie romane, représentant la chute de l'homme et sa rédemption[1].

Ces sculptures ont un intérêt iconographique considérable, comme idée et comme expression. L'une d'elles, placée au-dessus et à droite — pour le spectateur — de l'arcade latérale représente le *Bain de l'Enfant Jésus*, sujet très rare et dont il n'existe, croyons-nous, qu'un exemple appartenant à la châsse en orfèvrerie du XIIIe siècle, dite des *Grandes reliques* conservée au trésor d'Aix-la-Chapelle.

L'église de Saint-Sernin, pour lui conserver sa dénomination vulgaire — ou plus exactement de Saint-Saturnin — à Toulouse, fut commencée en 1060 par Raymond, chanoine de la cathédrale de Toulouse, achevée en 1096 et consacrée par le pape Urbain II,

1. Éd. Corroyer, *Étude sur l'architecture au Salon de 1882*.

FIG. 141. — ÉGLISE DE NOTRE-DAME LA GRANDE, A POITIERS. (Vue perspective des façades ouest et sud.)

après le concile de Clermont où sa parole détermina la première croisade, et peu de temps avant sa mort survenue en 1099; mais la date de cette construction

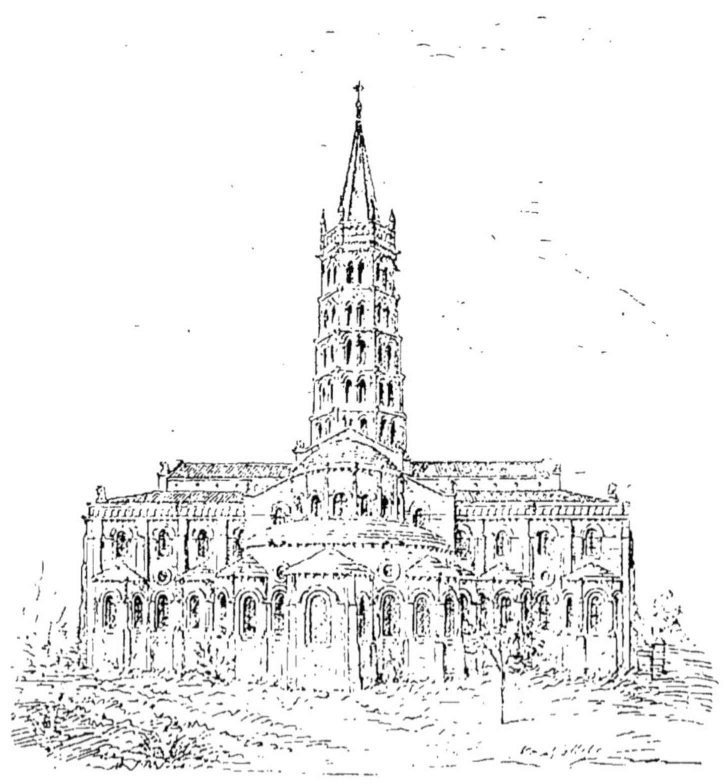

FIG. 142. — ÉGLISE DE SAINT-SERNIN, A TOULOUSE.
(Vue perspective de l'abside.)

doit concerner la première église de Saint-Sernin, car, d'après Viollet-le-Duc, celle qui existe aujourd'hui, et qui a été complétée à diverses époques, est du XIIe siècle. C'est un des plus vastes édifices élevés dans le Midi de l'Europe par les constructeurs romans.

L'influence de l'architecture romane d'Auvergne est manifeste aussi bien dans le plan et la coupe que dans

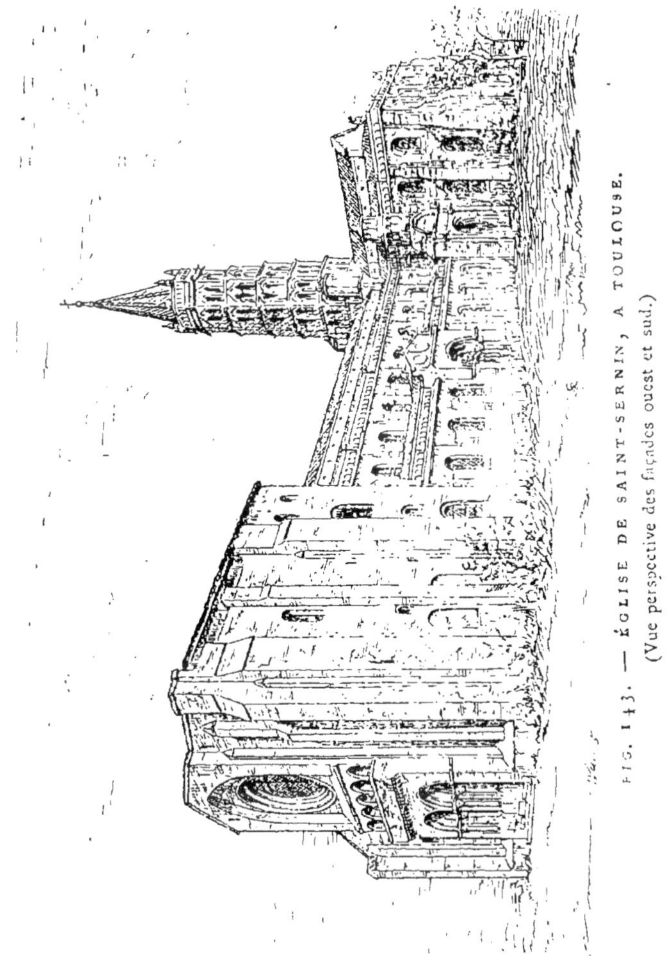

FIG. 143. — ÉGLISE DE SAINT-SERNIN, A TOULOUSE.
(Vue perspective des façades ouest et sud.)

les détails de sa construction; c'est une imitation, agrandie, des églises de Clermont et d'Issoire.

La nef dont la façade est inachevée a été rebâtie au

XVe siècle, mais sur les données primitives. Le vaisseau central est voûté par un berceau contrebuté par les demi-berceaux latéraux couvrant les galeries hautes des collatéraux ; celles-ci sont simples, tandis que les galeries basses des bas côtés, voûtées d'arête, sont doubles et se retournent dans le transsept, très vaste et dont la face orientale est percée d'absidioles voûtées en quart de sphère.

Le chœur est enveloppé par un collatéral, voûté d'arête, sur lequel s'ouvrent cinq absidioles ou chapelles rayonnantes voûtées comme celles du transsept.

Sur la croisée du transsept, et soutenue par quatre énormes piliers, s'élève une haute tour construite au XIIIe ou au XIVe siècle, en pierre et en briques dont l'appareil est très ingénieusement étudié pour l'étagement des arcatures et leur construction dans laquelle l'emploi des matériaux est des plus judicieusement combinés.

CHAPITRE X

ÉGLISE ET CLOÎTRE DE SAINT-TROPHIME A ARLES. — PORTAILS DE SAINT-GILLES EN LANGUEDOC, DE SAINTE-MARTHE A TARASCON ET DE MOISSAC. — CLOÎTRES DE MONTMAJOUR, PRÈS D'ARLES ET DE SAINT-PAUL-DU-MAUSOLÉE, PRÈS DE SAINT-RÉMI (BOUCHES-DU-RHÔNE).

Dans les contrées méridionales de l'Europe et principalement dans le Midi de la France, l'architecture romane a pris, dès son avènement, un caractère particulier de finesse et d'élégance qui s'explique facilement.

Les architectes méridionaux, nés au milieu des chefs-d'œuvre de l'art romain que leurs ancêtres s'étaient non seulement assimilés, mais encore qu'ils avaient rapidement amenés à un plus haut degré de perfectionnement, nous en donnent la preuve.

Ce fait a été parfaitement dégagé par le savant épigraphiste Léon Rénier, dans ses cours du Collège de France. « Il est remarquable que les changements, les enrichissements, les modifications de l'architecture importée par Rome dans tous les pays soumis à sa domination se produisent dans les provinces bien avant de se produire en Italie. Rome ne donnait plus, mais recevait des provinces un goût plus affiné, et il s'est opéré alors comme une transfusion d'un sang nouveau plus vif et plus riche[1]. »

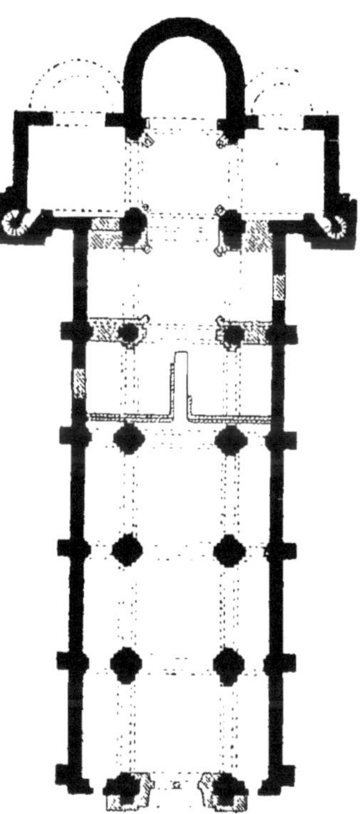

FIG. 144. ÉGLISE DE SAINT-TROPHIME A ARLES. (Plan.)

Les architectes romans de la province ont suivi les traditions non interrompues de l'antiquité et, tout en

1. Éd. Corroyer, *Notes sur l'architecture. Salon de 1877.*

sacrifiant à l'art nouveau qui se manifeste par l'adoption d'un parti architectonique pour la construction des édifices élevés au XIe et au XIIe siècle dans les provinces méridionales, ils conservent les caractères de l'art ancien par le goût raffiné de l'ornementation et de la statuaire dans l'expression desquelles on retrouve aisément les influences syriennes et byzantines.

L'église de Saint-Trophime, à Arles, présente un des exemples, nombreux en Provence, des édifices bâtis au commencement du XIIe siècle selon les nouveaux principes de la construction romane. Elle se compose d'une nef et de deux bas côtés étroits (fig. 144), divisés en cinq travées et séparés par un transsept du sanctuaire formé d'une grande abside et de deux absidioles voûtées en quart de sphère.

Le plan de Saint-Trophime rappelle la basilique antique par les dispositions de la nef, du transsept et de l'hémicycle accompagné de deux absidioles; mais l'édifice est roman par son système de voûtes.

Le berceau de la nef est en forme d'arc brisé et les arcs-doubleaux des bas côtés sont en plein cintre. L'arc brisé de la nef n'est pas la caractéristique d'un style d'architecture; ce n'est qu'un moyen, employé souvent par les architectes romans dans le Centre et le Midi de la France, parce que le berceau en forme d'arc brisé exerce, sur les murs latéraux, une action beaucoup moins énergique que le berceau en plein cintre. On voit, du reste, à Saint-Trophime, comme en d'autres églises, l'arc brisé et l'arc plein cintre employés simultanément dans le même édifice selon les exigences de la construction pour assurer sa parfaite solidité.

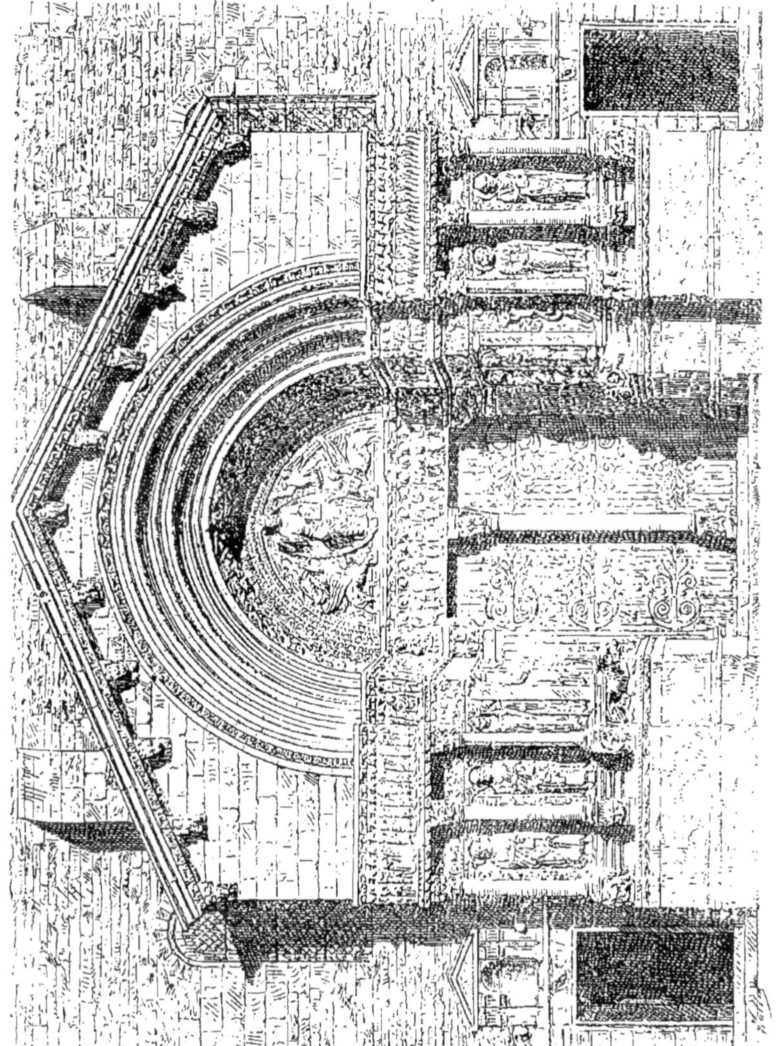

FIG. 115. — PORTAIL DE SAINT-TROPHIME, A ARLES.

Le portail de Saint-Trophime d'Arles est un des

plus beaux de la Provence, aussi remarquable par la perfection de sa construction que par la richesse de sa décoration.

Selon Viollet-le-Duc, l'ornementation de ce portail est toute romano-grecque syriaque, et la statuaire est gallo-romaine avec une influence byzantine prononcée.

Le cloître roman de Saint-Trophime est certainement un des plus curieux du Midi de la France, qui en possède cependant plusieurs de cette époque, notamment à Montmajour et à Saint-Rémi. « Deux des galeries de ce cloître datent du commencement du XIIe siècle; chacune d'elles se compose de trois travées principales, divisées en quatre arcades portées sur des colonnettes jumelles. Les piles d'angles sont très puissantes ainsi que celles qui séparent les travées. Les galeries étant voûtées en berceau continu, les piles d'angles reçoivent deux arcs-doubleaux et un arc diagonal qui masque la pénétration des deux berceaux. Chaque pile de travée reçoit un arc-doubleau [1]. » Le berceau est un arc rampant qui recevait primitivement la couverture du cloître, en dalles posées sur l'extrados du berceau, selon le mode provençal.

Ce cloître est d'une grande richesse comme sculpture; les colonnettes, les chapiteaux, les revêtements des piles sont en marbre gris, et on sent, aussi bien dans la sculpture que dans les profils, l'influence des arts de l'antiquité romaine

1. Viollet-le-Duc, *Dictionnaire raisonné*, etc.

L'église abbatiale de Saint-Gilles, en Languedoc,

FIG. 146. — ÉGLISE DE SAINT-TROPHIME, A ARLES. (Vue perspective de l'aitre du cloître.)

de même que celle de Saint-Trophime, reproduit dans

les détails de sa décoration les fragments romains qui

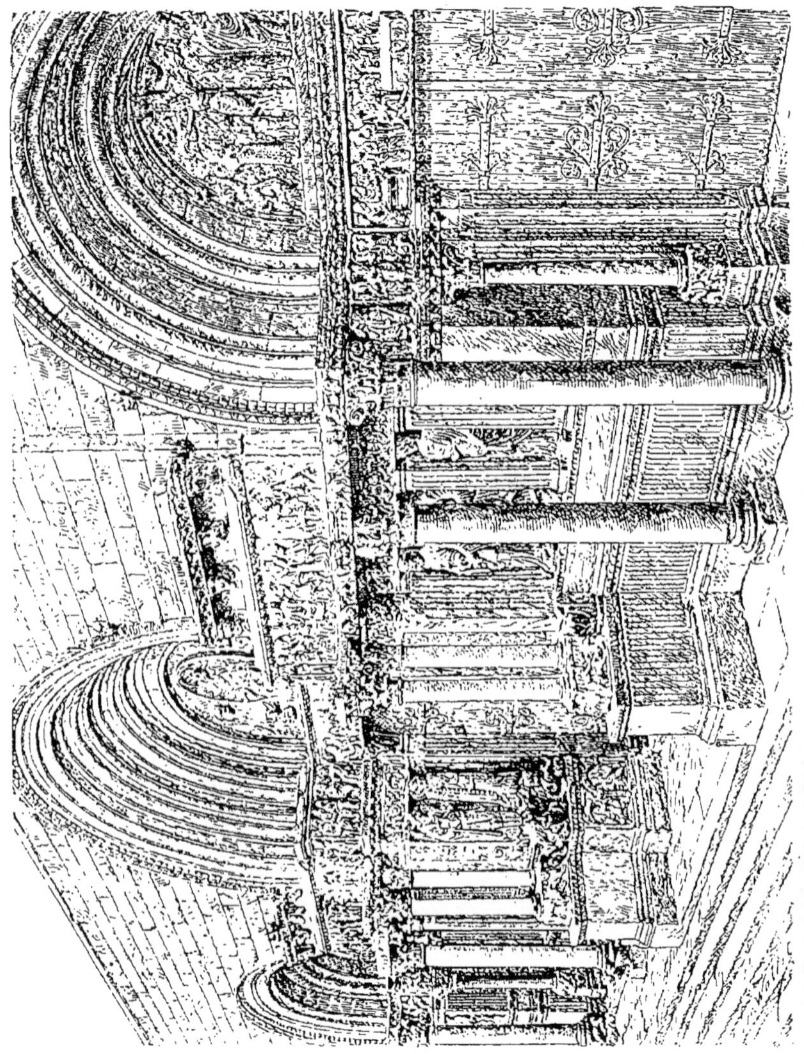

couvrent encore le sol de la Provence. L'édifice est très

FIG. 148. — PORTAIL DE SAINTE-MARTHE A TARASCON (BOUCHES-DU-RHONE).

intéressant et son magnifique portail est un des plus somptueux exemples de l'ornementation romano-byzantine; suivant Mérimée, elle se présente comme

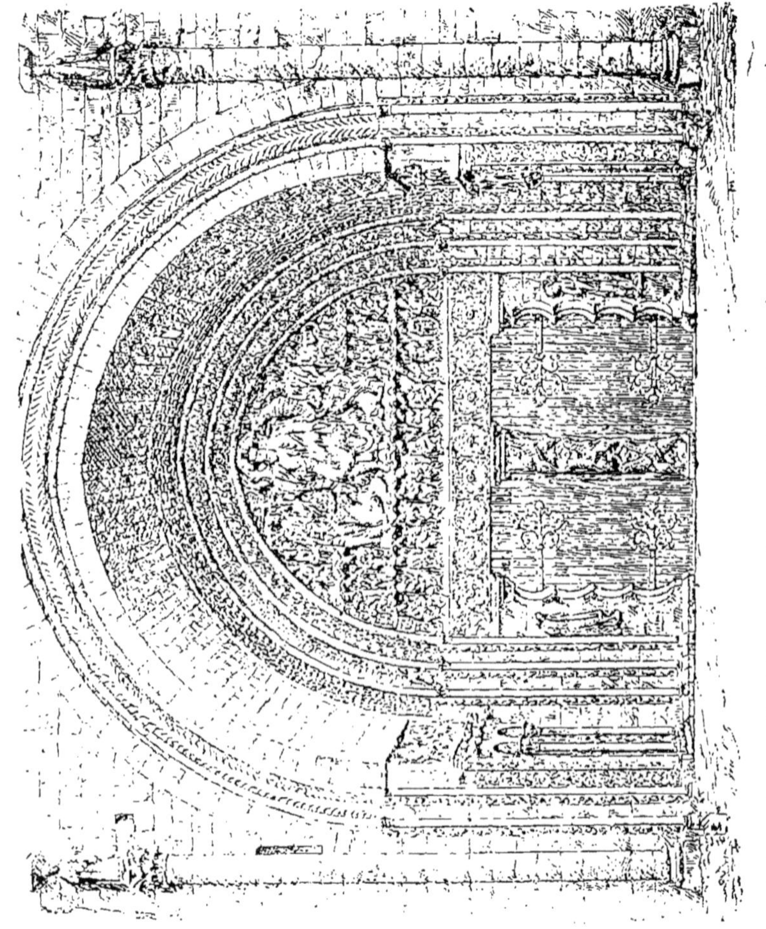

FIG. 145. — PORTAIL DU MOUSTIER A MOISSAC (TARN-ET-GARONNE).

un immense bas-relief de marbre et de pierre où le fond disparaît sous la multiplicité des détails. D'après Viollet-le-Duc, l'école de Toulouse avait su concilier

FIG. 150. — CLOITRE DE L'ABBAYE DE MONTMAJOUR (FRANCE). (Vue perspective des galeries.)

les traditions de l'architecture gallo-romaine — et auvergnate — avec les données byzantines recueillies en Orient. Une autre école voisine, celle de la Provence, s'était initiée plus intimement encore aux derniers vestiges de l'art gréco-romain réfugié en Syrie. En examinant les portes de Saint-Gilles, qui datent du

FIG. 151. — ABBAYE DE MONTMAJOUR (FRANCE).
(Vue perspective de l'aitre du cloître.)

XIIe siècle, on croirait voir les restes de ces monuments semés en si grand nombre sur la route d'Antioche à Alep.

C'est dans cette église que se trouve la *Vis de Saint-Gilles*, chef-d'œuvre de stéréotomie qui a donné son nom aux voûtes rampantes en spirale; elle était autrefois le but des pèlerinages des compagnons tailleurs de pierre.

Le portail de Sainte-Marthe à Tarascon est beaucoup

FIG 152. — ÉGLISE SAINT-PAUL-DU-MAUSOLÉE, A SAINT-REMI (FRANCE). (Vue perspective des galeries.)

moins riche que ceux de Saint-Trophime et de Saint-Gilles, mais les caractères de l'architecture romane du XIIe siècle sont peut-être plus franchement accusés. Il faut constater, toutefois, les réminiscences antiques très marquées par le galbe des colonnes, les profils, la sculpture et plus encore par l'attique qui surmonte le portail.

Cet attique est composé de pilastres alternant avec des colonnettes, les uns et les autres cannelés et compris entre deux corniches minces; celle du bas est soutenue par des modillons ou plutôt des corbeaux sculptés dont l'espacement est rempli par une frise en forme de métopes gravées. Ces membres d'architecture ont conservé l'aspect des mêmes motifs qu'on retrouve fréquemment sur les édifices romains bâtis en Provence vers les premiers siècles de notre ère.

Parmi les portes d'églises du XIIe siècle les plus remarquables, il faut citer, d'après Viollet-le-Duc, celle de Moissac.

Cette porte s'ouvre latéralement sur le grand porche; elle est élevée sous un large berceau — presque en plein cintre — qui forme lui-même l'avant-porche et qui est richement décoré de sculptures en marbre gris. Son trumeau est formé de lions entrelacés, formant une ornementation dont le caractère asiatique est très fortement accusé; la sculpture est d'ailleurs d'une finesse et d'une netteté extraordinaires; le temps l'a ornée d'une admirable patine qui donne à cette singulière composition, si originale et si décorative, l'aspect d'un bronze antique.

Les pieds-droits se découpent en croissants sur le

vide des baies et le linteau est décoré de belles rosaces admirablement fouillées. Dans le tympan est assise une grande figure couronnée représentant le Christ bénissant; de chaque côté sont les quatre symboles des évangélistes, accompagnés de deux anges de dimension colossale et des vingt-quatre vieillards de l'Apocalypse. Les voussures sont décorées d'ornements finement sculptés. Sur les pieds-droits du berceau et dans des arcatures latérales, des bas-reliefs en marbre, d'un style byzantin très marqué, représentent, à la droite du Christ, les vices punis, et à gauche : l'Annonciation, la Visitation, l'Adoration des mages et la Fuite en Égypte.

Les cloîtres des abbayes de Montmajour, près d'Arles, et de Saint-Paul-du-Mausolée, près de Saint-Remi, sont moins ornés que le cloître de Saint-Trophime d'Arles; mais ils présentent avec celui-ci de grandes analogies par le mode de construction adopté par les architectes de ces édifices romans.

Les galeries des cloîtres de Montmajour et de Saint-Paul-du-Mausolée sont également couvertes par des voûtes en berceau, nervées par des arcs-doubleaux et retombant sur les murs latéraux ; celui du côté de l'aitre du cloître est fort épais, et il est encore renforcé extérieurement par des contreforts au droit des arcs-doubleaux intérieurs. Ces contreforts sont reliés, extérieurement, par des arcs en segment dont le vide ou plus exactement la claire-voie est décorée d'arcatures reposant sur des colonnettes jumelles.

Le cloître de Montmajour est plus ancien que celui

de Saint-Paul, qui paraît remonter aux premières années du XIIe siècle; il a été construit avec plus d'art que celui-ci, les profils sont plus nets, les sculptures mieux composées et l'ensemble de la construction n'a pas la rusticité de Saint-Paul, qui semble avoir été une imitation grossière de Montmajour, comme ce dernier est une traduction simplifiée de Saint-Trophime.

CHAPITRE XI

ÉGLISE DE SAINT-MARC A VENISE (ITALIE).

La construction des églises à coupoles a été une des phases les plus intéressantes de la révolution dans l'art de bâtir, qui a pris naissance en Orient au VIe siècle et qui s'est manifestée, à peu près simultanément, dès le commencement du XIe siècle, en Italie et en France par deux admirables monuments, chefs-d'œuvre d'architecture de la période romane.

Les églises élevées à la fin du Xe siècle et surtout dès le commencement du XIe siècle sont voûtées, partiellement ou entièrement, selon les principes, nouveaux alors, de l'architecture romane, et nous avons vu les efforts des constructeurs pour arriver à ce résultat. Cependant les dispositions générales étaient restées à peu près les mêmes que celles de la basilique antique, à l'exception des églises rondes ou polygones, et les édifices dans lesquels on peut constater les combinaisons les plus ingénieuses et les plus savantes de la formule romane ne s'écartent pas de la forme basilicale, forme consacrée pour ainsi dire. C'est toujours la même nef centrale, accompagnée d'un ou de plusieurs bas côtés, aboutissant à un transsept sur lequel s'ouvrent, au delà, un hémicycle principal, ou grande abside et deux ou plusieurs absidioles. Ces diverses parties de l'édifice sont couvertes en bois ou en pierre, par des charpentes apparentes ou par des voûtes, en berceau plein cintre ou brisé, d'arête ou en quart de sphère; c'est le plan latin augmenté d'un plus ou moins grand nombre de détails accessoires qui ne changent pas la forme générale.

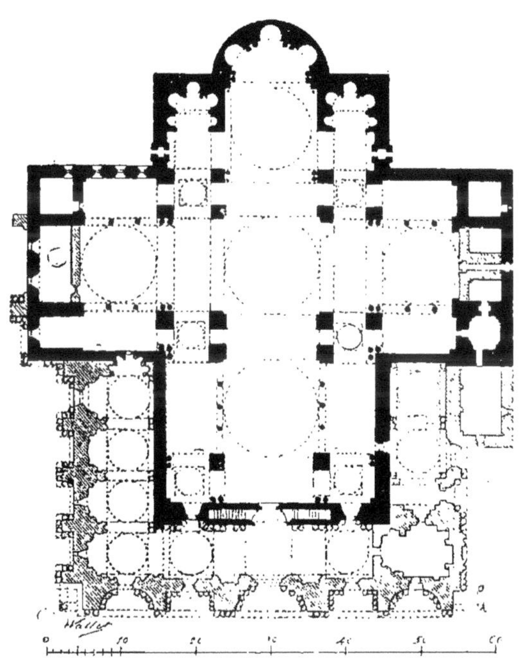

FIG. 153. — ÉGLISE DE SAINT-MARC, A VENISE (Plan.)

Mais par l'adoption du système nouveau dont la coupole est l'élément capital, les églises se transforment et, si elles gardent encore quelques détails latins, elles deviennent byzantines par l'économie même de leur construction. Le plan des édifices ne rappelle plus les basiliques romaines; il devient semblable à celui de l'église des Saints-Apôtres, bâtie sous le règne de

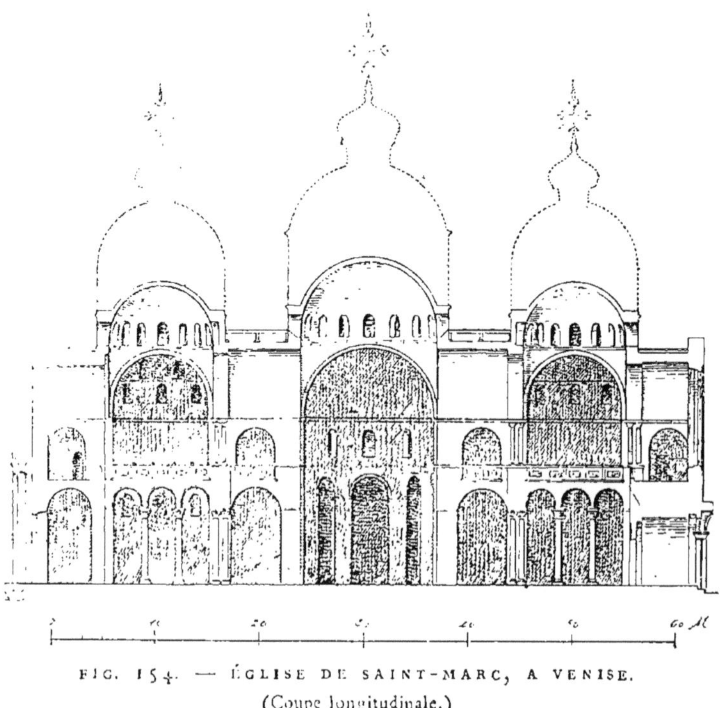

FIG. 154. — ÉGLISE DE SAINT-MARC, A VENISE.
(Coupe longitudinale.)

Justinien à Constantinople et décrit par l'historien grec Procope. — *De ædificiis Justiniani*, d'après Quicherat.

L'église des Saints-Apôtres figurait une croix grecque composée de deux nefs égales, de trois travées chacune, se coupant à angle droit et formant par conséquent cinq travées semblables, couronnées chacune par une coupole hémisphérique soutenue par quatre pen-

FIG. 155. — ÉGLISE DE SAINT-MARC, A VENISE. (Vue perspective intérieure.)

dentifs rachetant le carré. C'est absolument la description de l'église de Saint-Marc et de celle de Saint-Front que nous étudierons dans le chapitre suivant.

Saint-Marc ne fut donc pas construit sur le plan de Sainte-Sophie de Constantinople, à moins qu'il ne s'agisse de l'église primitive [1], détruite par un incendie en 976 — ce qui indiquerait qu'elle était couverte par une charpente comme les basiliques antiques.

L'église de Saint-Marc, qui existe encore aujourd'hui, a été commencée, selon les historiens et les archéologues dignes de foi, en 1043 et couverte, en 1071, sinon achevée, car on continua pendant des siècles à l'agrandir et à la décorer. Elle a la forme exacte de l'église des Saints-Apôtres, si bien décrite par Procope.

L'origine orientale de Saint-Marc est donc absolument démontrée ; elle s'explique aisément d'ailleurs par les relations incessantes qui existaient entre Constantinople, le Levant et Venise qui monopolisa, jusqu'au xe siècle, le commerce de l'Orient et celui d'une partie de l'Occident.

La construction de Saint-Marc indique un art avancé. Les nefs croisées sont formées par des arcs-doubleaux réunis au sommet par des pendentifs formant une assise solide aux coupoles hémisphériques. Les piles recevant les retombées des arcs-doubleaux sont évidées par des arcades étagées et forment des bas côtés qui établissent les communications faciles latéralement aux nefs croisées [2].

1. Félix de Verneilh, *Architecture byzantine*, Ire partie.
2. *L'Art byzantin*. Ire partie, chap. XII.

Mais si le plan et le parti architectural en élévation sont franchement byzantins, le mode de construction est resté romain; l'ossature de l'édifice a été revêtue après coup d'une décoration qui dissimule les détails de sa construction.

Les détails d'architecture sont également romains;

FIG. 156. — ÉGLISE DE SAINT-MARC, A VENISE.
(Détails de sculpture.)

les bases, les profils ont tous les caractères antiques, et les fûts des colonnes ainsi que leurs chapiteaux semblent avoir été enlevés à des monuments grecs.

A l'est, un hémicyle, ou abside, cantonné d'absidioles, — comme à l'église du Saint-Sépulcre à Jérusalem — est accompagné de deux absides plus petites, disposées de même manière. Cette abside et ces deux absidioles forment un sanctuaire qui rappelle celui des églises chrétiennes de Constantinople ou de la Grèce, surtout celles de Théotocos et de Saint-Nicodème.

A l'ouest, un porche à coupoles, moins ancien que l'église, s'étend sur la façade percée de cinq portes et se prolonge sur les faces latérales jusqu'aux bras de croix nord et sud.

Les dômes actuels ont remplacé les couronnements primitifs des coupoles. Les façades ont été restaurées au XIVe siècle et les clochetons, les arcs en accolade et les ornements de mauvais goût qui déshonorent le vénérable édifice paraissent être de cette époque.

CHAPITRE XII

ÉGLISE DE SAINT-FRONT A PÉRIGUEUX (FRANCE).

La première église à coupoles qui ait été élevée en France paraît être celle de Saint-Front, à Périgueux.

D'après Quicherat, elle fut certainement construite à l'imitation d'une église orientale ; sa ressemblance, comme conformation, avec Saint-Marc de Venise est telle qu'on n'a pas craint d'affirmer que Saint-Front en était une copie[1].

Ce fait n'a été nullement prouvé et toutes les conjectures qu'on a faites pour expliquer l'importation d'un

1. Félix de Verneilh, *Saint-Front de Périgueux et les églises à coupoles de l'Aquitaine.*

modèle vénitien en Aquitaine n'ont aucune consistance.

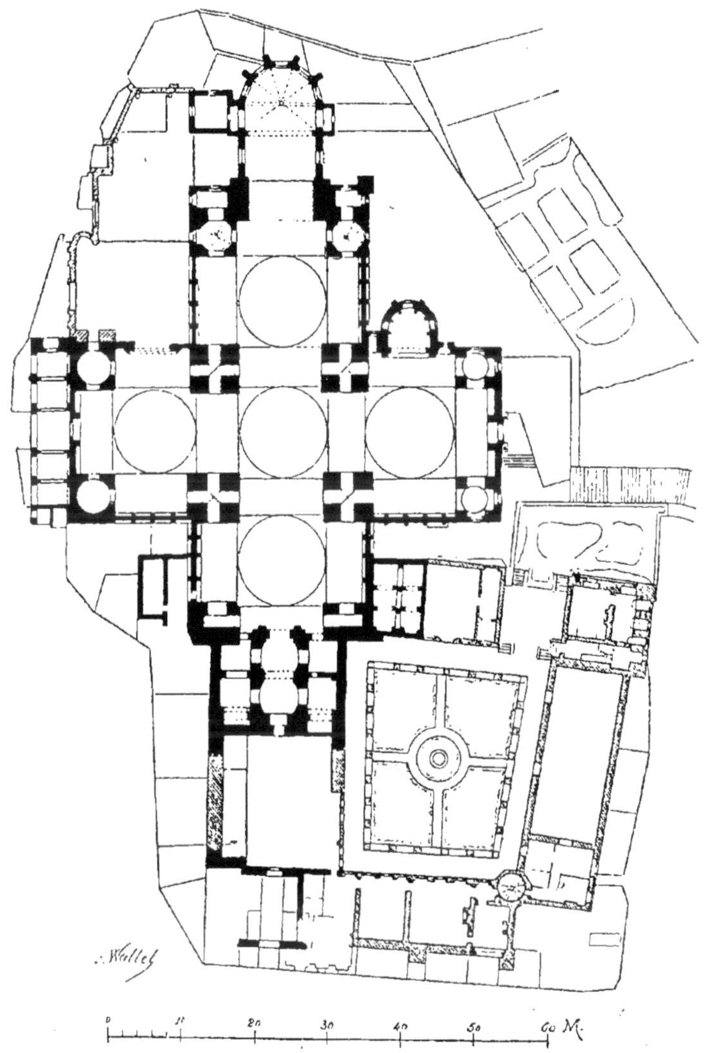

FIG. 157. — ÉGLISE DE SAINT-FRONT, A PÉRIGUEUX.
(Plan 1.)

1. Plan de l'église latine de Saint-Front (Voir 1re partie, fig. 54 et 55).

« Il est plus naturel de considérer les deux église comme des sœurs engendrées par la même mère e d'aller chercher celle-ci à Constantinople. Là, effectivement, existait une célèbre église, celle des Saints-Apôtres, bâtie par Justinien[1]. » La description, qu nous en a été laissée par Procope, s'applique égalemen à Saint-Marc et à Saint-Front.

Ces deux églises n'ont de ressemblance que pa leurs dispositions générales qui résultent de leu origine commune. Le plan et la coupe sont semblable à l'église des Saints-Apôtres de Constantinople, mai leur construction est absolument différente.

D'ailleurs, Saint-Front serait plus ancien que Sain Marc si l'on en croyait certains historiens. Ils affirmer que le commencement de l'église à coupoles de Sain Front coïncide avec le retour, en 1010, d'un voyag fait en Terre Sainte par l'évêque de Périgueux — voyag qu'on peut supposer avoir été un des innombrabl pèlerinages qui furent un des effets de la vive réactio qui se produisit après l'apaisement des terreurs d l'an 1000, — et que son église aurait été consacré en 1047.

Il importe peu que Saint-Front et Saint-Marc aier été bâtis en même temps — il est certain du reste que l premier n'est pas la copie du second ; — le point intéressant, c'est de comparer et d'étudier leurs construction afin d'en tirer l'enseignement utile qui s'attache au progrès réalisés dans l'église périgourdine.

Nous avons vu dans le chapitre précédent les parti

1. Jules Quicherat, *Procope. De ædificiis Justiniani.*

cularités de la structure, tout antique, de Saint-Marc; il a été bâti suivant les traditions romaines, avec des matériaux grossiers, solidement réunis par d'excellents mortiers, et revêtu ensuite d'une décoration somptueuse, composée de marbres les plus rares et les plus brillamment colorés et de mosaïques à fond d'or, tandis que

FIG. 158. — ÉGLISE DE SAINT-FRONT, A PÉRIGUEUX.
(Coupe transversale du nord au sud.)

Saint-Front a été construit selon les principes de la construction syrienne, que les architectes de l'Aquitaine s'étaient assimilés et que leurs successeurs ont portés à un si haut degré de perfection, en procédant à l'édification du grandiose monument par assises réglées, en appareillant les arcs, les voûtes, les pendentifs, les coupoles, et en laissant partout la pierre apparente dans toute la beauté de sa mâle simplicité.

Ce n'est plus une agglomération de matériaux noyés dans des mortiers, très habilement disposés, cependant, pour la répartition des charges et des résistances, mais formant une sorte de concrétion moulée sur des cintres, puis décorée après coup comme l'église vénitienne.

L'église périgourdine est au contraire, une savante composition dont chaque partie a sa place marquée d'avance par un appareil normal à chaque membre d'architecture et dans laquelle les arcs, conservant leur force élastique, forment, par leur jonction combinée sur des points déterminés, un ensemble d'une solidité et d'une stabilité parfaites.

Saint-Front est un vaste champ qu'on ne saurait trop explorer au point de vue de l'étude de l'art de bâtir en Occident et particulièrement en France. C'est le berceau de l'architecture nationale, car, dans sa forme symbolique, la coupole de Saint-Front est l'œuf d'où est sorti un système architectonique qui a causé une révolution des plus fécondes dans le domaine de l'art.

Nous trouvons, en effet, à Saint-Front une des premières applications d'un système nouveau, né en Orient, mais perfectionné savamment en Occident; c'est un des principes des transformations nécessaires de l'architecture romane et l'une des causes les plus décisives des rapides progrès qu'elle fit dans toute l'Europe occidentale du XIe au XIIe siècle.

Les pendentifs des coupoles de Saint-Front, appareillés normalement à la courbe en passant du plan carré de la naissance des arcs au plan circulaire couronnant leurs clefs, sont les embryons de l'*arc ogif* ou *croisée d'ogives*, selon l'expression fort ancienne et qui était encore employée du temps de Philibert Delorme pour désigner les *arcs diagonaux* supportant les voûtes avec le concours des arcs-doubleaux.

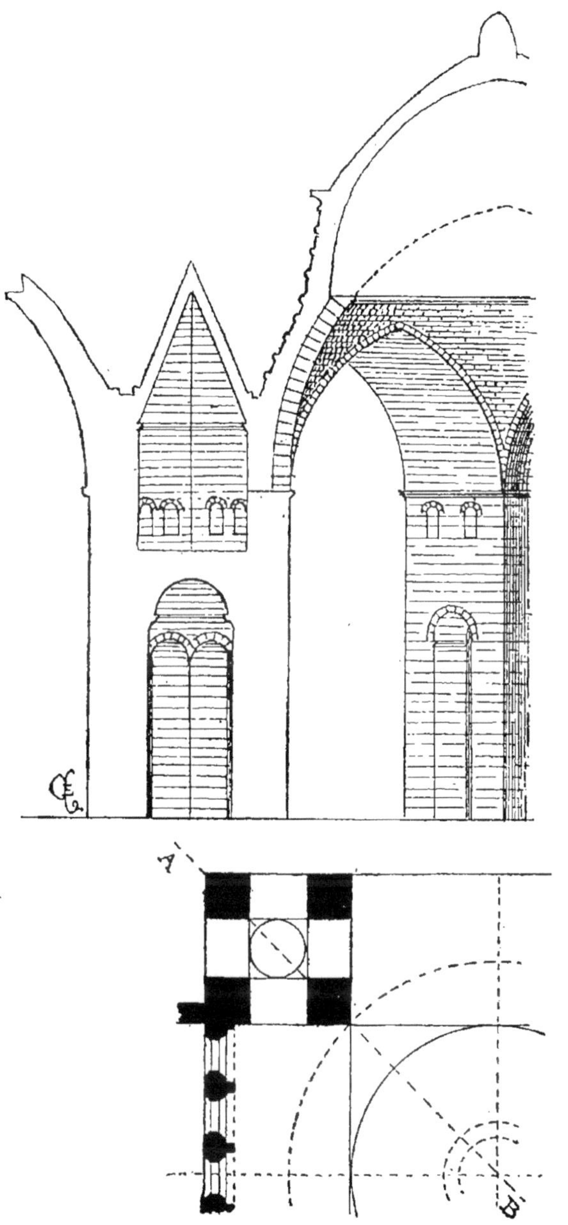

FIG. 159. — ÉGLISE SAINT-FRONT, A PÉRIGUEUX.
(Coupe d'un pendentif sur la diagonale A B.)

On trouve, à notre avis, dans la disposition des pendentifs le principe même de la *croisée d'ogives*, ainsi que l'indique la coupe diagonale sur A B d'une des coupoles de Saint-Front (fig. 159).

Mais il faut d'abord dire un mot de la structure des coupoles; elle consiste en une succession d'assises formant des lignes circulaires de claveaux concaves. « Il résulte de cette disposition des assises que leurs éléments usent à s'entretenir la plus grande partie de la force qui les sollicite à tomber; par conséquent, il n'y a qu'une médiocre poussée des rangs supérieurs sur les rangs inférieurs et, en définitive, la coupole ne chasse guère au vide les supports sur lesquels elle est assise [1]. » Ce mode de construction a cet avantage, mais il nécessite des massifs énormes pour supporter les coupoles et il ne peut servir qu'à couvrir des édifices ronds ou octogones. Le perfectionnement apporté par les constructeurs du XIe siècle a été d'élever des coupoles sur des espaces carrés à l'aide de pendentifs rachetant le carré et reportant, avec les arcs-doubleaux, la charge des voûtes sur les piles.

Dans ces conditions, les fonctions de pendentifs, appareillés normalement, et celles des croisées d'ogives, appareillées de même, sont identiques, puisque dans tous les cas elles reportent, avec les arcs-doubleaux, leurs poussées et les charges des remplissages des voûtes sur les piles.

Les architectes romans, rompus à toutes les pratiques professionnelles, étaient trop habiles construc-

1. Jules Quicherat, *Mélanges d'archéologie et d'histoire.*

FIG. 160. — ÉGLISE DE SAINT-FRONT, A PÉRIGUEUX.
(Vue perspective intérieure)

teurs pour ne pas utiliser ces principes en cherchant à les perfectionner par des combinaisons moins coûteuses. Deux raisons surtout devaient stimuler leurs recherches; tout d'abord la question d'argent, grave question qui a eu une grande importance dans tous les temps; le mode de construction des coupoles nécessitait des piles et des arcs-doubleaux très puissants et, par conséquent, de grandes dépenses. Puis le besoin d'agrandir les églises qui, étant donnée la sévérité des lois liturgiques si puissantes au moyen âge, ne pouvaient être bâties ou réédifiées que sur le lieu consacré. D'où résultait la nécessité de modifier les voûtes afin de diminuer leur poids en les répartissant sur des points d'appui plus nombreux, mais d'une section moindre et, permettant, comme conséquence, d'agrandir l'espace intérieur des églises.

Nous examinerons d'ailleurs cette transformation économique, après avoir étudié les églises à coupoles bâties en grand nombre, à l'exemple de Saint-Front ou suivant ses principes de construction.

Saint-Front présente les mêmes dispositions que l'église des Saints-Apôtres, dispositions que nous avons décrites dans le chapitre précédent.

Les nefs croisées figurant une croix grecque et couronnées de cinq coupoles sont formées par de puissants arcs-doubleaux qui, bandés sur les piles et réunis par des pendentifs appareillés normalement à la courbe (fig. 159), composent une assise inébranlable aux coupoles ovoïdes, sur plan circulaire, dont les poussées verticales se répartissent également sur les arcs mutuellement contrebutés. Les piles, percées de hautes et étroites arcades, établissent une circulation latérale; les murs de clôture, d'une mince épaisseur et formant le parement extérieur, sont percés de fenêtres en plein cintre.

Il est intéressant de remarquer l'analogie qui existe entre les dispositions de Saint-Front et de Saint-Marc et celles de Sainte-Sophie et des Saints-Apôtres à Constantinople qui rappellent le parti architectural adopté par les Romains dans les Thermes d'Antonin Caracalla; il est utile de revoir à ce sujet dans la première partie les chapitres III, XII et XIV.

A l'est, l'hémicycle primitif a été remplacé plus tard par une abside plus importante, et deux absidioles ont été ménagées dans le côté oriental des bras de la croix nord et sud.

A l'ouest, l'église à coupoles communique avec l'ancienne église latine dont nous avons parlé au chapitre XI de la première partie et sur deux travées de laquelle le grand clocher, marquant la sépulture de Saint-Front, aurait été élevé par Frotaire, évêque de Périgueux sur la fin du Xe siècle.

Les grands doubleaux de l'église à coupoles présentent cette particularité d'être des arcs brisés. Ainsi que nous l'avons déjà dit au chapitre X de la deuxième partie, cette forme est un moyen de construction, plutôt qu'un caractère d'architecture, employé pour diminuer l'action des poussées de l'arc plein cintre, beaucoup plus énergique que celles de l'arc brisé.

Du reste, l'arc brisé était connu bien avant la construction de Saint-Front; les savants dont nous parle Quicherat signalent sa présence : au Caire, dans des monuments arabes du IXe siècle de notre ère ; au centre de l'Arménie, à Diarbekir, dans un portique de l'époque romaine et dont les colonnes sont reliées par des arcs brisés; enfin, remontant encore plus haut dans l'histoire, en Perse où les constructeurs n'ont pas employé d'autres cintres depuis les derniers Sassanides.

Une forme qui eut autant de succès chez le peuple le plus artiste de l'Orient dut certainement être transportée de très bonne heure dans la Syrie et se rencontrer sur le passage des pèlerins si nombreux qui fréquentaient alors les Lieux Saints; pour que cette forme eût attiré l'attention des Latins, il faut nécessairement qu'ils l'aient vue, non pas dans les mosquées où ils n'avaient garde d'entrer, mais dans des édifices consacrés au culte chrétien.

CHAPITRE XIII

ÉGLISE DE CAHORS (LOT). — ÉGLISE DE SAINT-AVIT-SÉNIEUR (DORDOGNE).

Les premières églises bâties à l'exemple de Saint-Front, celles de la première génération pour ainsi dire comme celles de la cité ou de Saint-Étienne à Périgueux et de Cahors, conservent le même mode de construction, mais présentent quelques différences dans le plan; les bras latéraux de la croix grecque sont supprimés et il ne reste plus qu'un rectangle formé de deux ou de plusieurs travées couronnées par des coupoles et terminé par un sanctuaire demi-circulaire cantonné d'absidioles comme à Cahors, ou même simplement par le mur de clôture d'un des côtés de la travée terminale comme à Saint-Avit, soit parce qu'on s'est contenté de cet arrangement ou bien parce que l'édifice n'a pas été achevé.

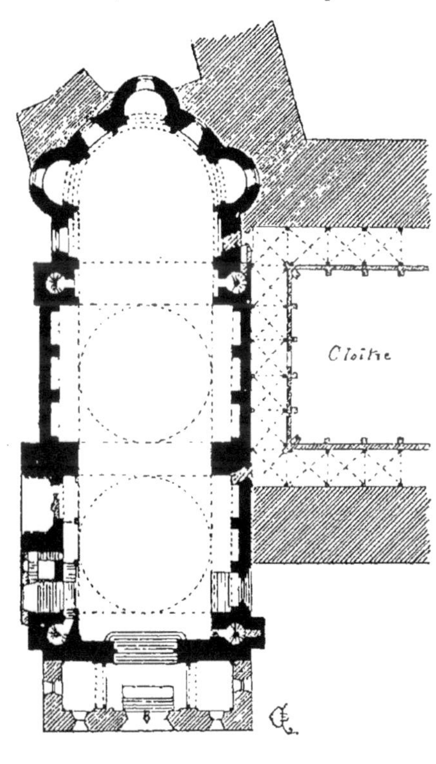

FIG. 161. — ÉGLISE DE CAHORS.
(Plan.)

L'église de Saint-Étienne, à Cahors, bien qu'elle ait été consacrée dans les premières années du XIIe siècle, remonte cependant au milieu du siècle précédent, et elle doit être contemporaine de l'achèvement de la célèbre église de Périgueux; c'est d'ailleurs une des plus importantes et surtout des plus fidèles imitations de Saint-Front.

La construction de l'église de Cahors est semblable à celle de Saint-Étienne de Périgueux — du moins dans la partie antérieure de celle-ci — qui a suivi de très près celle de Saint-Front.

On peut remarquer déjà dans ces deux églises et surtout à Cahors un perfectionnement sensible dans l'économie de la construction. Les arcs-doubleaux sont beaucoup moins larges, et l'on sent que les architectes,

FIG. 162. — ÉGLISE DE CAHORS.
(Coupe longitudinale, fragment.)

familiarisés avec la coupole et calculant mieux les poussées des arcs et des voûtes ainsi que la résistance des points d'appui, avaient réalisé un progrès sensible qui est comme le témoignage de leurs connaissances techniques.

A l'intérieur de l'église le parti architectonique est le même qu'à Saint-Front; mais les proportions générales des grands arcs sont moins heureuses, plus trapues

FIG. 163. — ÉGLISE DE CAHORS (FRANCE). (Vue perspective intérieure.)

et plus lourdes. La nef se compose de deux travées

égales sans galeries latérales ; les piles formant un contrefort saillant à l'intérieur sont pleines, sauf un étroit passage à hauteur de la galerie latérale, et elles n'ont plus qu'une arcade simplement décorative. Les deux travées sont couronnées par des coupoles hémisphériques sur pendentifs appareillés comme à Saint-Front et éclairées à leur base par de petites fenêtres ouvertes aux quatre points cardinaux. A l'extrémité orientale, un vaste hémicycle ayant la largeur de la nef est couvert par une voûte en quart de sphère; il est cantonné par trois absidioles et il rappelle, sauf l'absence de la colonnade du sanctuaire intérieur, les dispositions du chœur de l'église du Saint-Sépulcre à Jérusalem, réminiscence que nous avons déjà signalée en étudiant l'église de Vignory et celles de les l'Auvergne.

Cette partie de l'église paraît, du reste, postérieure à la construction de la nef; mais elle a cependant tous les caractères particuliers de l'architecture romane.

L'extérieur de l'église présente des dispositions des plus intéressantes parce que les coupoles sont très franchement accusées (fig. 164). Elles émergent au-dessus du comble dont la corniche est soutenue par des corbeaux ; elles montrent leurs tambours appareillés formant la base de la coupole et couronnés par une corniche ornée de corbeaux. Aujourd'hui la calotte est couverte par une charpente, mais il est probable que la couverture primitive devait être en pierre ou bien celle-ci était revêtue de lames de métal suivant la courbe hémisphérique de la coupole.

L'église de Saint-Avit-Sénieur procède évidemment

FIG. 164. — ÉGLISE DE CAHORS (FRANCE). (Vue perspective extérieure, prise du cloître.)

des églises à coupoles de Saint-Étienne, de la Cité à

Périgueux, de Cahors et de Saint-Jean à Cole, qui sont des filles de Saint-Front.

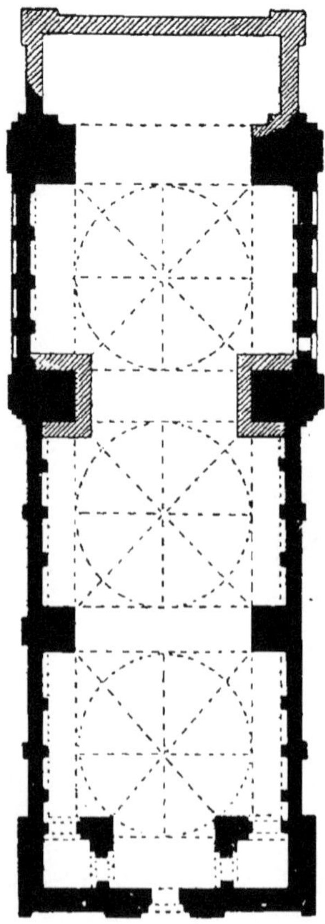

FIG. 165. — ÉGLISE DE SAINT-AVIT-SÉNIEUR. (Plan.)

Le plan de Saint-Avit ainsi que sa coupe sont les mêmes que ceux de Saint-Étienne, de la Cité et de Cahors et les détails de la construction sont identiques. Mais ce qui rend cet édifice digne d'un examen particulièrement attentif, c'est la disposition des voûtes et ces voûtes elles-mêmes qui diffèrent des églises à coupole sur le modèle duquel l'église de Saint-Avit a été bâtie, sinon achevée.

Il n'est pas démontré, comme on l'a écrit, que les coupoles aient été construites, puis détruites pour être remplacées par les voûtes qui existent encore aujourd'hui.

Si l'église commencée sur le plan de Saint-Front ou de ses dérivés avait dû être couronnée par des coupoles sur pendentifs, les claveaux des arcs-doubleaux devaient être taillés, selon les lois de l'appareil, suivant la douelle des pendentifs sphériques. La suppression de ceux-ci, en admettant qu'on les ait remplacés après coup par des voûtes dont les arêtes sont marquées par des arcs diagonaux, aurait nécessité un travail de sapement et de relancement beaucoup plus considérable que la construction, ou la reconstruction, toute simple, qui restait à faire de la calotte hémisphérique.

Il était beaucoup plus facile, alors que les piles étaient arrivées à hauteur de la naissance des arcs-doubleaux, de prévoir dans l'appareil des sommiers la retombée des arcs diagonaux. C'est évidemment ce qui a dû se passer, et c'est très probablement vers la fin du XIe siècle que les arcs-doubleaux ont été construits, époque à laquelle on voit apparaître, timidement du reste, les arcs diagonaux ou croisées d'ogives.

FIG. 166.
ÉGLISE DE SAINT-AVIT-SÉNIEUR.
(Coupe longitudinale.)

D'ailleurs, les voûtes de Saint-Avit qu'on suppose avoir été refaites à la fin du XIIIe siècle ne sont pas appareillées comme elles le furent dès la fin du XIIe siècle et surtout dans les siècles suivants, c'est-à-dire en voûtes d'arête dont les pénétrations sont accusées et surtout soutenues par des arcs diagonaux. Les voûtes indiquées par la figure 166 n'ont plus la forme d'une coupole proprement dite; c'est une voûte annulaire appareillée horizontalement ou à peu près, soutenue comme elle le serait par des cintres permanents, à l'aide de croisées d'ogives et de nervures transversales, accusant et surmontant les clefs des arcs-doubleaux.

Il semble qu'on peut voir dans cette disposition ingénieuse des voûtes de Saint-Avit, beaucoup plus légères que les coupoles et par conséquent ayant moins d'action sur les murs latéraux, le passage de la coupole à la voûte d'arête portée sur des arcs diagonaux. Nous l'avons indiqué dans le chapitre XII en étudiant le pendentif de Saint-Front, comparé à la *croisée d'ogives* et en constatant l'identité de leurs fonctions statiques.

Ces tentatives, si bien caractérisées à Saint-Avit, se renouvelèrent plus fréquemment, et on peut suivre leurs développements, dans la première moitié du XIIe siècle en Allemagne, en Italie et en France[1].

CHAPITRE XIV

CATHÉDRALE D'ANGOULÊME (FRANCE). — ÉGLISE DE RIPEN (DANEMARK). — ÉGLISE DE SOLIGNAC (FRANCE).

Les églises bâties à l'exemple de Saint-Front se modifient encore à la seconde génération; le plan revient à la forme de croix latine par l'addition au transsept de deux bras voûtés en berceau.

Les dispositions intérieures se perfectionnent et marquent davantage encore les progrès que nous avons

1. IIe partie, chap. XVI et XVII.

indiqués dans l'église de Cahors. On sent la préoccupation constante des constructeurs romans, cherchant à diminuer les énormes masses des églises à coupoles primitives, par une répartition plus pondérée et mieux entendue des poussées et des résistances, et en accusant ces points principaux par des contreforts qui commencent à saillir sur les faces extérieures de l'édifice. On voit même l'art des architectes s'exercer dans la décoration des points d'appui et l'allégement des arcs-doubleaux

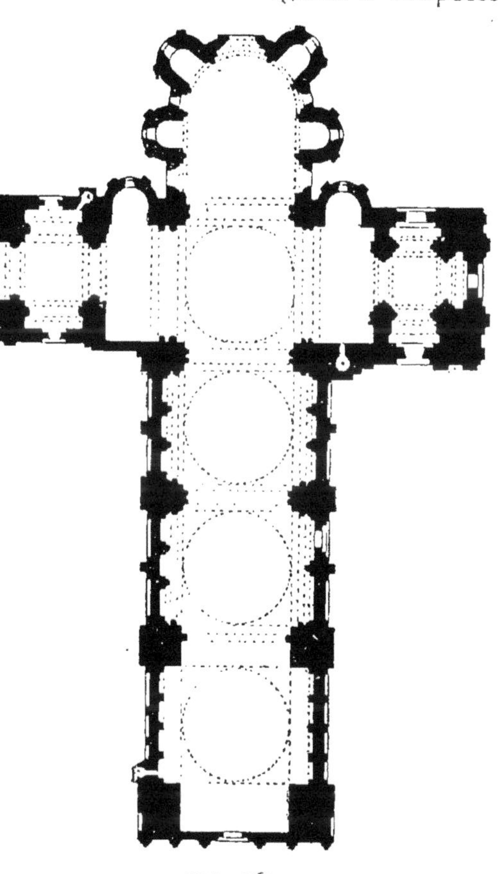

FIG. 167.
CATHÉDRALE D'ANGOULÊME. (Plan.)

à l'intérieur. Mais la forme extérieure perd à cette époque son caractère si particulièrement original parce que les coupoles ne s'accusent plus au dehors; elles sont alors couvertes par le comble banal à deux rampants, et rien ne les distingue plus extérieurement des autres églises romanes à nef unique. Les églises de Brassac (Dordogne), de Sablonceaux (Charente-Inférieure) ont été élevées, ou reconstruites dans ces con-

FIG. 168. — CATHÉDRALE D'ANGOULÊME.
(Coupe longitudinale, fragment.)

ditions, de même que celles d'Angoulême et de Fontevrault.

L'église d'Angoulême, bâtie au commencement du XIIe siècle, sur les vestiges d'un édifice plus ancien, se compose d'une nef unique voûtée par trois coupoles et couverte d'un comble à deux rampants; à l'extrémité orientale de la nef s'élève une tour-lanterne octogone, — qu'on a recouverte vers 1860 d'une coupole qui n'avait très probablement pas existé avant cette époque ; — le sanctuaire primitif, sans bas côté, est en forme d'hémicycle cantonné, comme à Cahors, d'absidioles rappelant le Saint-Sépulcre; cet hémicycle ou abside principale

FIG. 169. — CATHÉDRALE D'ANGOULÊME.
(Vue perspective extérieure.)

est accompagné de deux absides plus petites, voûtées, comme le sanctuaire, en quart de sphère. Les deux bras du transsept, couverts dans sa largeur par une voûte en berceau, donnent à l'édifice la forme d'une croix latine, plus accusée encore par la construction de deux tours — vers le milieu du XIIe siècle — dont une seule a été achevée un peu plus tard et l'autre élevée jusqu'à la hauteur des combles.

L'école angoumoise, selon Anthyme Saint-Paul[1], sert de trait d'union entre les écoles périgourdine et poitevine, empruntant à la première ses nefs uniques, ses coupoles et à la seconde ses riches façades, son luxe d'arcades et sa décoration sculpturale.

La façade de l'église d'Angoulême, qui rappelle celle de Notre-Dame-la-Grande, à Poitiers, est tout en-

FIG. 170. — ÉGLISE DE RIPEN, JUTLAND (DANEMARK).
(Coupe transversale du transsept.)

tière couverte d'arcatures et de sculptures consacrées à la représentation du Jugement dernier.

L'influence de Saint-Front s'est étendue bien au delà des rives de la Loire que des archéologues modernes — peut-être un peu trop jaloux de la gloire de leur clocher — considéraient comme la limite extrême de son rayonnement.

1. *Histoire monumentale de la France.*

FIG. 171. — ÉGLISE DE SOLIGNAC. (Vue perspective intérieure.

Une église bâtie vers le XIIe siècle dans une des provinces reculées du Danemark nous montre la force d'expansion des idées qui avaient causé en Aquitaine une féconde révolution dans l'art de bâtir au XIe siècle; ses effets se sont fait sentir dès la fin du même siècle et surtout pendant le XIIe dans toute l'Europe occidentale, non seulement par la reproduction pure et simple des coupoles, mais encore par les transformations successives et rapides qui sont nées de ce mode de construction.

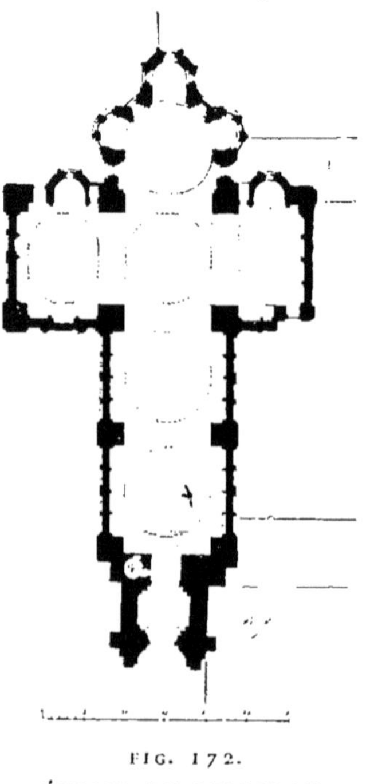

FIG. 172.
ÉGLISE DE SOLIGNAC.
(Plan)

L'église de Ribé ou de Ripen, dans le Jutland, est une des nombreuses églises fondées par Canut II, dit le Grand, après que ce roi eut converti son peuple au christianisme dans les premières années du XIe siècle. Elle fut reconstruite après un incendie, au commencement du XIIe siècle, sur le modèle de Saint-Front ou de ses dérivés; la coupole centrale, sur pendentifs, ressemble absolument, aussi bien par sa forme que par les particularités de sa structure, à l'église mère, avec cette seule différence que les arcs-doubleaux sont en plein cintre. Les bras du transept sont couverts par des voûtes annulaires sur croisées d'ogives comme celles de la nef de Saint-Avit-Sénieur.

FIG. 173. — ÉGLISE DE SOLIGNAC. (Vue perspective de l'abside.)

L'église de Solignac, dans le département de la Haute-Vienne, est un exemple d'un édifice à coupoles, rares dans le Limousin.

Elle ressemble à celle de Cahors, sauf en ce qui concerne le nombre des travées et la disposition du sanc-

FIG. 174. — ÉGLISE DE SOLIGNAC. (Coupe sur le transsept, fragment.)

tuaire, couvert par une voûte, tout à la fois construite en quart de sphère du côté de l'hémicycle et sur pendentifs du côté de l'arc triomphal formant l'entrée du chœur

Les ailes du transsept semblent avoir été modifiées après la construction primitive ; celle du sud-est, voûtée en berceau et celle du nord-est couronnée par une coupole hémisphérique, ovale en plan.

La nef est composée de quatre travées couronnées par des coupoles sur pendentifs, la dernière couvrant, avec les particularités que nous avons indiquées, le sanctuaire, cantonné, comme à Cahors, de trois absidioles voûtées en quart de sphère. Celles-ci, circulaires à l'intérieur, sont polygones à l'extérieur et chacun des angles est muni d'un contrefort sous forme de colonne engagée.

Les coupoles de Solignac sont couvertes, comme celles d'Angoulême et d'autres que nous avons signalées, par un comble à deux rampants.

A l'extérieur, les proportions sont moins heureuses encore que celles de Cahors.

A l'intérieur, les absides et les absidioles, bien que polygones, rappellent les églises du Poitou et surtout celles de l'Auvergne par ce détail caractéristique des arcatures ornant la partie haute de l'abside et du transsept et qui encadrent quelques fenêtres ménagées à la base de la coupole du sanctuaire.

L'église du monastère de Solignac a été élevée dans les premières années du XIIe siècle, car la dédicace en fut faite en 1143.

CHAPITRE XV

ÉGLISE DE FONTEVRAULT. — ÉGLISE DE SAUMUR. — ÉGLISE DU PUY-EN-VELAY (FRANCE).

L'église abbatiale de Fontevrault a été bâtie à peu près en même temps que la cathédrale d'Angoulême, de 1101 à 1120, et consacrée pour la première fois en 1119 par le pape Calixte II.

Le plan de ces deux églises est le même, sauf le chœur; les coupoles sont semblables et sont certainement des dérivés de Saint-Front en ce qui concerne le parti architectural et le mode de construction; cependant les progrès que nous avons constatés à Cahors et à Angoulême s'affirment plus encore et ces perfectionnements s'expliquent par l'habileté toujours croissante des architectes romans; les piles, les arcs-doubleaux et les pendentifs n'ont plus que les dimensions nécessaires; les poussées et les résistances sont calculées savamment et les contreforts, placés aux points utiles, s'accusent davantage, afin de ne plus donner aux murs de clôture que des épaisseurs utilement réduites.

Les détails de la construction, les ornements sculptés sont plus affinés et ils annoncent un art en pleine possession de ses moyens, arrivant à son apogée qui fut bientôt le point de départ d'une transformation nouvelle.

Le chœur de Fontevrault est moins ancien que la nef; c'est une expression différente de l'architecture romane dans laquelle on reconnaît aisément les dispositions des églises d'Auvergne ; car cette partie de l'église abbatiale présente une très grande analogie avec le chœur de l'église de Saint-Paul, à Issoire. (Voir la figure 137.)

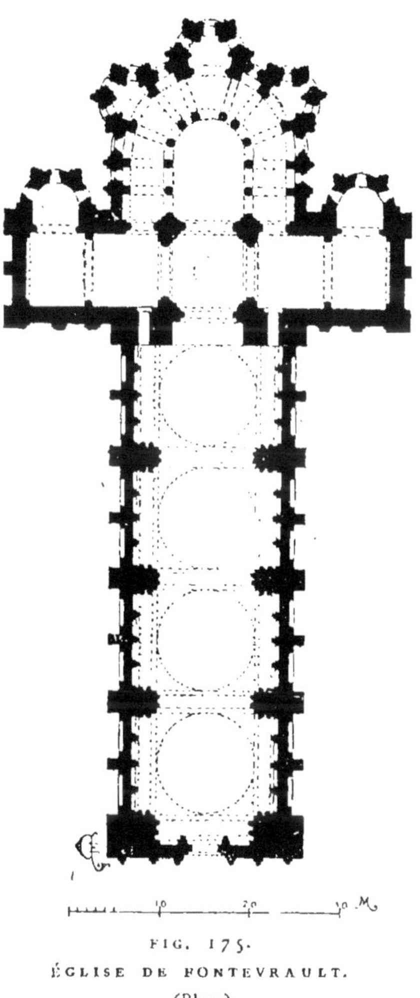

FIG. 175.
ÉGLISE DE FONTEVRAULT.
(Plan.)

Mais la manière, nouvelle alors, dont la croisée de transsept a été voûtée est particulièrement remarquable. Ce n'est plus une coupole proprement dite ; c'est une voûte sphérique coupée par les quatre doubleaux des arcs de la croisée; c'est, en un mot, une voûte annulaire dont les poussées sont moins énergiques que la coupole, en raison de sa moins grande pesanteur. La construction en est très simple, car chaque ligne d'assise formant claveau concave, les cintres peuvent être réduits à leur plus simple expression. Les retombées et cette voûte annulaire sont accusées par des chapiteaux placés un peu plus haut que ceux qui reçoivent les arcs-doubleaux de cette croisée.

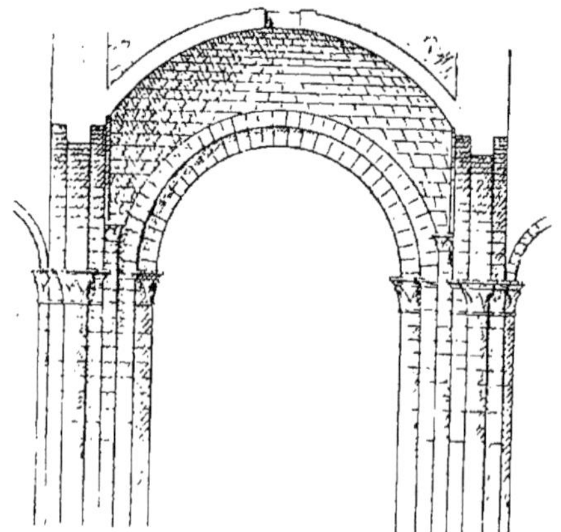

FIG. 176. — ÉGLISE DE FONTEVRAULT.
(Coupe de la voûte de la croisée du transsept.)

Nous avons vu déjà ce mode de construction de voûtes[1]; il se montre quelques années après Fontevrault, à l'église Saint-Pierre, à Saumur, avec un perfectionnement plus accusé qui marque, mieux encore qu'à Saint-Avit-Sénieur, le passage de la voûte en coupole à la voûte d'arête, soutenue par des *croisées d'ogives.*

FIG. 177. — ÉGLISE DE SAUMUR.
(Coupe de la voûte.)

Ce dernier système, qui donne une plus grande légèreté aux voûtes et nécessite des arcs-doubleaux et des

1. A l'église de Saint-Avit-Sénieur. IIe partie, chap. XIII.

FIG. 178. — ÉGLISE DU PUY-EN-VELAY. (Façade.)

points d'appui beaucoup moins importants, se développa rapidement; nous en verrons les premières applications dans les chapitres XVI et XVII.

En dehors des églises à coupoles, que nous avons étudiées ou signalées, il faut citer l'église de Notre-Dame, au Puy-en-Velay, issue des mêmes types, mais qui présente un caractère particulier.

La nef, se terminant par une abside sans collatéral, consiste en une suite de travées voûtées, comme le carré du transsept l'est ordinairement dans les églises romanes, c'est-à-dire que chacune de ces travées est surmontée d'un tambour octogone, sur plan carré, racheté par des trompes très ingénieusement disposées, et d'une coupole également octogone, qui rappelle celles de Saint-Vital, de Ravenne ou de l'église palatine d'Aix-la-Chapelle; la coupole surmontant la croisée du transsept est disposée de même, mais plus élevée au-dessus du comble à deux pentes qui couvre celles de la nef; les ailes du transsept sont voûtées en berceau.

Suivant Viollet-le-Duc, Notre-Dame du Puy est unique dans sa disposition. « En passant par un porche très relevé, comme une loge immense, on pénètre sous le parvis de l'église et on débouche par un escalier devant le maître-autel. Ce degré se prolonge au loin, dans la rue percée en face le portail. Cette disposition si étrange avait été prise pour permettre aux nombreux pèlerins qui visitaient Notre-Dame du Puy d'arriver processionnellement jusqu'à l'image vénérée. La cathédrale du Puy présente des traces d'un édifice du XIe siècle. Les trois travées orientales sont en plein cintre et les autres

FIG. 179. — ÉGLISE DU PUY-EN-VELAY. (Clocher.)

en *arcs brisés*, — achevées vers le milieu du XIIe siècle et couronnées par des coupoles octogones... Les parements extérieurs sont composés d'assises de grès blanc et de lave noire, de façon à former de grandes mosaïques[1]. »

Le clocher rappelle les clochers limousins et périgourdins, surtout ceux de Saint-Léonard et de Brantôme. Il se compose, à la base, d'une muraille carrée, reliée à quatre piles isolées par des arcs portant des berceaux perpendiculaires aux quatre côtés de ce mur; sur ces berceaux reposent les étages supérieurs se rétrécissant à chaque étage jusqu'à l'aplomb des piles intérieures.

Le cloître, dont la construction primitive remonterait, en partie, au Xe siècle (?), a été reconstruit sur trois côtés au XIIe siècle. Les galeries sont couvertes par des voûtes d'arête romaines, portant d'un côté sur les murs extérieurs et, du côté de l'aitre du cloître, sur de grosses piles composées d'assises et cantonnées de colonnes monolithes dégagées. Ces piles sont reliées par deux rangs d'archivoltes en plein cintre, formées de claveaux alternativement noirs et blancs et dont l'extrados est orné de mosaïques de lave et de briques en losange, qui décorent également les écoinçons et la frise au-dessus de la corniche. Le cloître du Puy a un caractère byzantin très accusé par la construction même indiquant nettement l'influence orientale et par tous les détails de la décoration bâtie ou sculptée.

1. *Dictionnaire raisonné de l'architecture*, etc.

FIG. 180. — ÉGLISE DU PUY-EN-VELAY. (Cloître.)

CHAPITRE XVI

ÉGLISE DE WORMS (HESSE-DARMSTADT). — ÉGLISE DE SPIRE (BAVIÈRE) ALLEMAGNE.

La première moitié du XIIe siècle doit être considérée comme une époque de transition.

Nous entendons donner à ce mot transition une signification plus étendue que celle donnée généralement par les archéologues modernes à cette époque de l'histoire de l'architecture, car nous ne croyons pas que les perfectionnements progressifs qui ont marqué le milieu du XIIe siècle se soient manifestés seulement par les changements apportés dans les formes des arcs.

Les arcs en plein cintre ou les arcs brisés ont une origine très ancienne, et si l'on en croit les savants, les Perses auraient employé l'arc brisé bien avant l'époque romaine. D'ailleurs, l'arc brisé était en usage, non comme une forme consacrée ou encore moins comme un système, mais bien comme un moyen, un expédient de construction dans des édifices construits en Provence dans les premières années du XIe siècle. Les exemples de berceaux et d'arcades en forme d'arcs brisés abondent dans les plus anciens édifices romans du Limousin et du Poitou; on voit même souvent cette forme et le plein cintre employés simultanément dans le même édifice.

La transition doit être entendue dans un sens plus large et plus général, car il nous semble que cette époque est caractérisée par la transformation du système de voûtement des églises, fait bien autrement important que la forme des arcs, qui n'est plus qu'un mince détail dans un vaste ensemble.

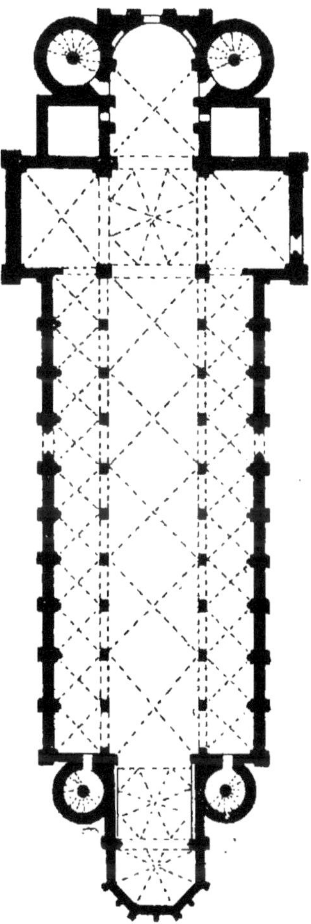

FIG. 181. — ÉGLISE DE WORMS, HESSE-DARMSTADT (ALLEMAGNE). (Plan.)

Ce grand mouvement d'art est né de l'application générale du mode de construction des églises à coupoles, qui avait si profondément modifié, dès les premières années du XIe siècle, l'art de bâtir en Occident, dont Saint-Front est resté l'admirable exemple, le type par excellence.

Nous connaissons les étapes parcourues depuis l'église des Saints-Apôtres, à Constantinople, jusqu'à l'église de Saint-Front, en France. Nous savons avec quelle merveilleuse adresse les architectes aquitains se sont assimilé les traditions byzantines pour les appliquer selon leurs ressources et par l'emploi, judicieusement combiné, des matériaux dont ils disposaient; nous avons suivi les progrès réalisés par leurs successeurs romans, depuis l'église de Périgueux jusqu'à celle de Fontevrault, et enfin nous avons constaté les modifications apportées, avec une science pleine d'ingénieuses ressources, dans la construction des voûtes, depuis la coupole de Saint-Front jusqu'à la croisée d'ogives si nettement accusée à Saint-Avit et à Saumur.

Ce nouveau système de construction, ayant pour but d'alléger les voûtes, amena tout naturellement des changements considérables. Ils consistèrent dans la diminution des masses portantes, plus faibles, mais plus nombreuses. Entre les piles principales, on éleva des piliers plus faibles; ceux-ci reliés entre eux par des arcades superposées et celles-là par un formeret rejoignant la voûte et solidarisant les piles principales.

Les voûtes d'arête, munies ou non d'arcs - doubleaux, avec ou sans croisée d'ogives, très bombées et rappelant la forme des coupoles ou des voûtes annulaires, reportent les charges sur les piles principales, solidement contrebutées par les voûtes latérales; elles sont disposées sur un plan carré, réminiscence, ou plutôt imitation traditionnelle les églises à coupoles élevées sur un plan semblable.

Les églises bâties au milieu du XIIe siècle, ou à peu près, de Worms et de Spire en Allemagne, de Saint-Ambroise de Milan en Italie et de la Trinité de Caen en France, nous fournissent les exemples les plus intéressants de cette époque de transition qui prépara la révolution monumentale du XIIIe siècle.

Dans la nef de la cathédrale de Worms, nous dit

Viollet-le-Duc, nef qui date de la moitié du XIIe siècle, une grande voûte d'arête sans arc-doubleau la couvre et s'élève sur plan carré. Les piles intermédiaires forment des compartiments dans les bas côtés qui sont également couverts par des voûtes d'arête qui dérivent de la tradition romano-byzantine.

FIG. 182.
ÉGLISE DE WORMS (ALLEMAGNE).
(Détail de la coupole.)

La cathédrale de Worms est à trois nefs, rappelant les dispositions basilicales, et qui aboutissent à un transsept, donnant à l'édifice la forme d'une croix latine : l'église a deux chœurs, l'un à l'orient qui se termine par un hémicycle à l'intérieur et dont la face extérieure est carrée ; l'autre à l'occident et formé par une abside polygone.

La coupole qui couronne la croisée du transsept est construite suivant les données byzantines-grecques ; elle rappelle particulièrement les coupoles de Daphni près d'Athènes et plus encore celle de Saint-Nicodème (fig. 78) par la disposition des niches voûtées en quart de sphère qui font passer la coupole du plan carré à l'octogone.

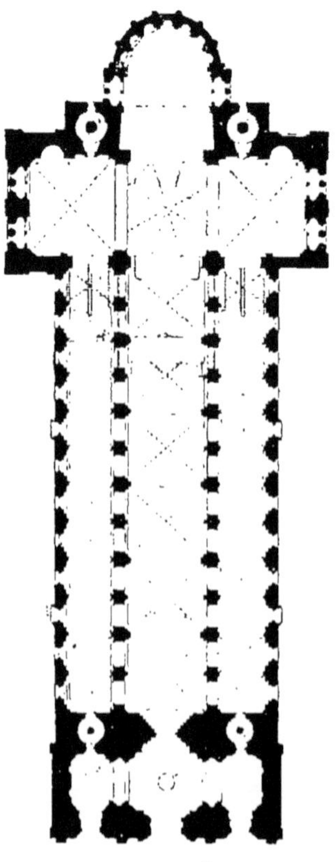

FIG. 183.
ÉGLISE DE SPIRE, BAVIÈRE (ALLEMAGNE). (Plan.)

L'église de Spire est du même temps ou à peu près que la cathédrale de Worms. Les dispositions de son plan rappellent celles des églises normandes du XI siècle.

C'est une basilique composée de trois nefs, d'un transsept dont la croisée est couronnée par une coupole octogone et d'un chœur en hémicycle couvert par une voûte en quart de sphère. A l'extérieur et à l'intérieur, il est décoré de colonnes ornées de chapiteaux qui supportent des arcatures en plein cintre, couronnées d'un cordon au-dessus duquel s'élève une galerie à jour formée de petites colonnettes reliées par des arcades, disposition qui ressemble au couronnement de l'abside des églises d'Auvergne [1].

1. Voir aussi l'église de Tourmanin, dans la *Syrie centrale*. Ire partie, chap. X.

FIG. 184. — ÉGLISE DE SPIRE, BAVIÈRE (ALLEMAGNE).
(Vue perspective intérieure.)

La nef à six travées est formée de deux rangées de formerets s'élevant jusqu'à la voûte et reliant les points d'appui principaux; les travées sont subdivisées par des piliers intermédiaires réunis par des arcades superposées suivant les dispositions indiquées par la figure 185, qui fait voir en même temps les détails particuliers des colonnes supportant les grands arcs-doubleaux de la nef qui se divisent en six parties.

FIG. 185.
ÉGLISE DE SPIRE (ALLEMAGNE).
(Coupe longitudinale.)

Les bas côtés subdivisés sont couverts par des voûtes d'arête.

La nef principale est couverte par une voûte d'arête sans nervure, bâtie sur plan carré entre les arcs-doubleaux. Les arêtes diagonales de la voûte forment un plein cintre; cette disposition, qui se rencontre dans un grand nombre d'églises allemandes, donne à la voûte l'aspect d'une partie de coupole, construite à l'imitation des églises qui dérivent de Saint-Front.

CHAPITRE XVII

ÉGLISE DE SAINT-AMBROISE A MILAN (ITALIE). — ÉGLISE DE LA TRINITÉ A CAEN (FRANCE).

La forme générale de l'église de Saint-Ambroise, à Milan, est celle d'une basilique latine; elle ressemble à Saint-Pierre-a-Vincoli, élevée à Rome au ve siècle; plus encore aux églises chrétiennes bâties en Syrie sur le plan des basiliques romaines, notamment celles de Qalb-Louzeh et de Tourmanin qui datent du vi^{e} siècle, et enfin à celle de Saint-Clément (sauf les dispositions intérieures), construite à Rome au ixe siècle [1]. Comme cette dernière basilique, Saint-Ambroise de Milan est précédée, sur la largeur de la façade, d'un narthex qui forme un des côtés du quadriportique disposé en avant de l'église. Le plan de celle-ci est un parallélogramme divisé en trois galeries; une grande au milieu et deux latérales; la nef principale se termine par un hémicycle et les deux bas côtés par des absidioles, toutes les trois voûtées en quart de sphère.

1. Ire partie, chap. VII, IX, X et XI.

Le vaisseau central est composé de quatre travées carrées — celle vers le chœur surmontée d'une coupole octogone dont les quatre faces d'angle sont soutenues par des encorbellements; — ces quatre travées sont marquées par des arcs transversaux s'étendant sur toute la largeur de l'édifice, et composées d'un grand arc et de deux autres superposés par les galeries étagées.

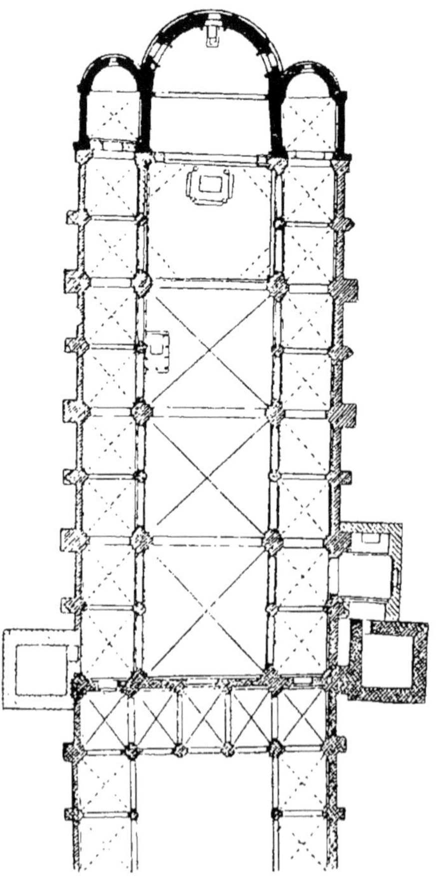

FIG. 186.
ÉGLISE DE SAINT-AMBROISE A MILAN (ITALIE). (Plan.)

Les bas côtés sont divisés en compartiments, voûtés d'arête sans nervures, formés par la subdivision des grands arcs latéraux.

La construction des voûtes de Saint-Ambroise est particulièrement digne d'attention, parce qu'elle nous fournit un exemple des constructions faites à l'époque de la transition — comme nous l'entendons, et que nous avons étudiée au chapitre XVI.

La voûte de la nef est composée des arcs-doubleaux transversaux, des formerets latéraux et des arcs diagonaux, ou *croisées d'ogives* dont la section est rectangulaire; ils retombent fermement sur les sommiers communs aux faisceaux des six arcs réunis qui s'élèvent au-dessus des chapiteaux. Sur cette ossature solidement établie d'abord et sans liaison avec elle, sont posés les remplissages des quatre segments appareillés normalement à leurs courbes. La forme sphérique est donnée par le relèvement des croisées d'ogives et par la courbure des segments de la voûte conservant la forme traditionnelle de la coupole.

FIG. 187.
ÉGLISE DE SAINT-AMBROISE, A MILAN (ITALIE). (Coupe transversale.)

Les arcs-doubleaux et les voûtes d'arête des bas côtés contrebutent solidement les poussées des arcs-doubleaux et des croisées d'ogives; ils font fonction d'arcs-boutants couverts par un comble à deux rampants.

La voûte rappelle donc la forme des coupoles ou celle des voûtes annulaires. Soutenues par des croisées d'ogives qui font l'office de cintres permanents, les dispositions de cette voûte marquent encore plus explicitement que par les exemples précédents, le passage, la transition, entre la voûte en coupole et la voûte d'arête.

FIG. 188.
ÉGLISE DE SAINT-AMBROISE, A MILAN (ITALIE). (Coupe longitudinale.)

L'église de la Trinité, ou ancienne abbaye aux Dames, à Caen, qui date de 1046, était peut-être couverte primitivement par une charpente apparente ; mais elle a dû être achevée autrement qu'elle n'a été commencée, ou bien, ce qui est plus probable, la nef a été reprise après un incendie, ou démolie à partir du cordon tangent aux arcades latérales et terminée, avec les voûtes qui existent actuellement, vers le milieu du XIIe siècle.

La preuve nous est fournie par les dispositions mêmes des parties hautes et la nef. Dans les églises normandes romanes, les travées sont égales et les piles ont la même section puisqu'elles n'avaient à soutenir qu'une charpente dont les fermes reposaient sur une des colonnes continuant la pile et montant de fond jusqu'à la couverture en bois. Les églises de Cerisy-la-Forêt et du Mont Saint-Michel [1], avec lesquelles l'abbaye aux Dames de Caen présente beaucoup d'analogie en plan, sont, entre un grand nombre d'autres églises, des exemples authentiques de la disposition régulière et égale des piles.

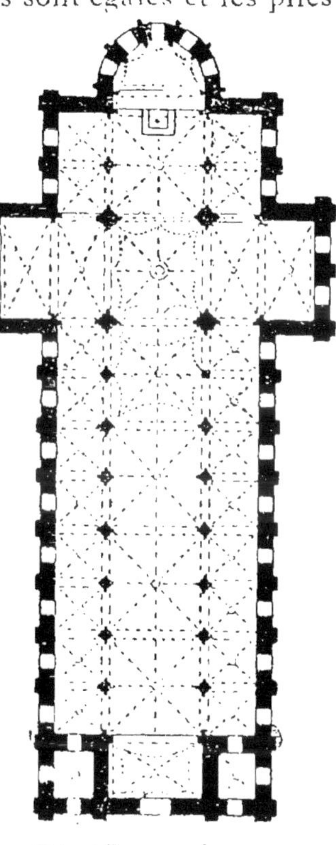

FIG. 189. — ÉGLISE DE LA TRINITÉ, A CAEN (FRANCE). (Plan.)

A l'église de la Trinité, les piles sont égales jusqu'à la hauteur du premier cordon; mais au-dessus les sections des piles sont plus fortes de deux en deux sur les points qui recevaient les retombées des arcs-doubleaux et des arcs diagonaux, ou *croisées d'ogives*. La pile intermédiaire est plus faible parce qu'elle ne reçoit qu'un

1. IIe partie, chap. III et IV.

arc, arc-doubleau de secours, pour soulager seulement la grande portée des voûtes d'arête (fig. 191).

Les voûtes de la nef sont sur plan carré, comme les églises allemandes et italiennes, que nous avons citées, avec l'adjonction d'un arc intermédiaire dont nous parlons plus haut. Les bas côtés sont couverts par des voûtes d'arête, entre des arcs-doubleaux qui paraissen les voûtes du XIe siècle, avant la modification de la partie haute de la nef ou sa reconstruction au milieu du XIIe siècle.

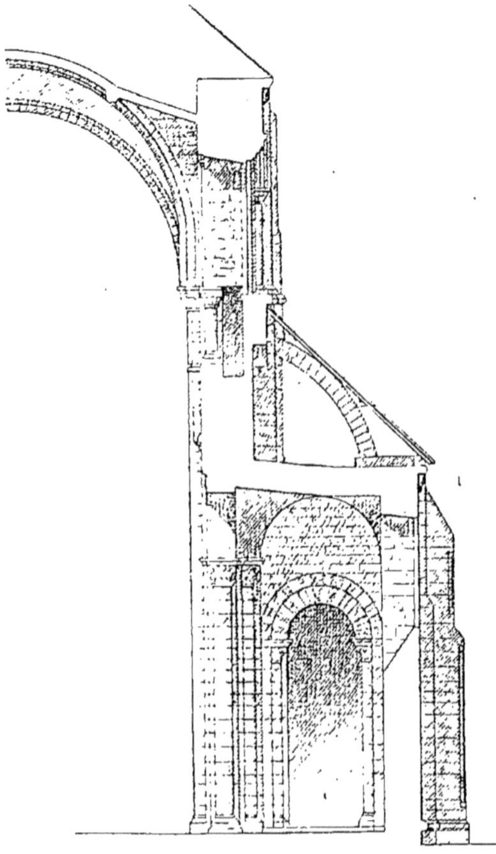

FIG. 190.
ÉGLISE DE LA TRINITÉ, A CAEN (FRANCE).
(Coupe transversale.)

Sauf les absidioles du transsept, le plan est à peu près le même que celui de Cerisy-la-Forêt, mais plus simplement combiné.

Au centre de la croisée du transsept s'élève une haute tour-lanterne, à l'exemple de celles qui avaient pris dans les églises monastiques et surtout en Normandie une grande extension.

FIG. 191. — ÉGLISE DE LA TRINITÉ, A CAEN (FRANCE). (Coupe longitudinale.)

Les églises de la Trinité et de Saint-Etienne — abbaye aux dames et abbaye aux hommes de Caen — possèdent des tours centrales qui font ainsi partie du vaisseau intérieur et ne sont pas des clochers, mais des coupoles ou plus exactement des lanternes[1] donnant de la lumière au centre de l'édifice. Les clochers[2] élevés sur les façades des églises romanes en Normandie prennent également de l'importance ; mais ils sont étroits et terminés par des pyramides très aiguës.

La coupe transversale de la nef de la Trinité (fig. 190) montre le rudiment d'un arc-boutant qui est encore caché sous le comble en appentis des bas côtés ; il contrebute effectivement les poussées des voûtes des bas côtés, mais il ne s'accuse pas encore au dehors, comme nous le verrons un peu plus tard.

Les voûtes de la Trinité marquent encore un pas en avant, un progrès réalisé par les constructeurs au moment où la période romane prend fin, après avoir préparé une nouvelle révolution dans l'art de bâtir par un système de construction nouveau qui s'annonce dès la première moitié du XIIe siècle, qui grandit jusqu'à la fin du même siècle, pour arriver au XIIIe siècle à son complet développement.

Nous avons cherché et trouvé les origines de l'*architecture romane*.

Nous avons montré la naissance, les transformations et les superbes développements de cette belle et grande architecture, absolument rationnelle dans ses principes aussi bien que dans ses applications.

Nous verrons dans le volume suivant : l'*Architec-*

1. IIe partie, chap. III.
2. Ire partie, chap. V et X.

ture gothique, des monuments qui sont des merveilles par leurs ingénieuses combinaisons, et des miracles d'équilibre par la hardiesse de leur construction ; mais nous devons rendre hommage à la mère de tous ces chefs-d'œuvre, à l'architecture romane qui a produit des monuments qu'il faudrait imiter parce qu'ils sont des modèles achevés, autant par leur simple beauté que par la sagesse de leur structure, disposant prudemment à l'intérieur leurs points d'appui et protégeant leurs organes essentiels en les mettant à l'abri des intempéries destructives.

Il faut admirer ces grands édifices qui sont la gloire de notre pays et donnent une si haute idée du génie de nos architectes. Si l'on ne peut pas ou, plutôt, si l'on ne veut pas les imiter, on doit les connaître et surtout les étudier sérieusement, sincèrement, afin d'en tirer les plus sérieux enseignements.

Le gouvernement de la République française a bien mérité des savants et des artistes en fondant, dans un des musées de l'État, un cours d'architecture du moyen âge. Le ministre qui l'a institué dernièrement pour répondre aux vœux légitimes exprimés en même temps par la commission des monuments historiques et par le directeur des cultes, sur l'avis des inspecteurs généraux des édifices diocésains, a rendu un grand service public en comblant une lacune regrettable ; car l'architecture du moyen âge, l'un des chapitres les plus intéressants de notre art si intimement lié à l'archéologie nationale, n'était enseignée nulle part, sauf à l'École des chartes, dont les cours ne sont pas publics.

C'est un grand progrès qu'il faut s'empresser de constater, en souhaitant plus encore.

Si pour des raisons spéciales le cours nouveau d'architecture est professé au musée du Trocadéro, dans un milieu excellent d'ailleurs, puisqu'il comprend une partie des chefs-d'œuvre de l'art français du XIe au XVIe siècle, il est permis d'espérer que, dans un avenir très prochain, l'architecture française du moyen âge aura enfin sa place marquée au rang qu'elle doit occuper dans l'enseignement des arts donnée par l'État à l'École nationale des beaux-arts.

TABLE DES GRAVURES

DEUXIÈME PARTIE.

TABLE DES MATIÈRES

PREMIERE PARTIE

ORIGINES DE L'ARCHITECTURE ROMANE

BASILIQUES CIVILES. — BASILIQUES ET ÉGLISES LATINES.
ÉGLISES BYZANTINES.

DEUXIÈME PARTIE

HISTOIRE ET CARACTÈRES DE L'ARCHITECTURE ROMANE

BAPTISTÈRES OU CHAPELLES RURALES ET FUNÉRAIRES. ÉGLISES DE FORME BASILICALE. — ÉGLISES RONDES OU POLYGONES. — ÉGLISES VOUTÉES.

FIN DE LA TABLE.

Paris. — Lib.-Imp. réunies, 7, r. Saint-Benoît

www.ingramcontent.com/pod-product-compliance
Ingram Content Group UK Ltd.
Pitfield, Milton Keynes, MK11 3LW, UK
UKHW020602230726
13926UKWH00005B/2154

9 782013 696449